Fortsetzung Seite (

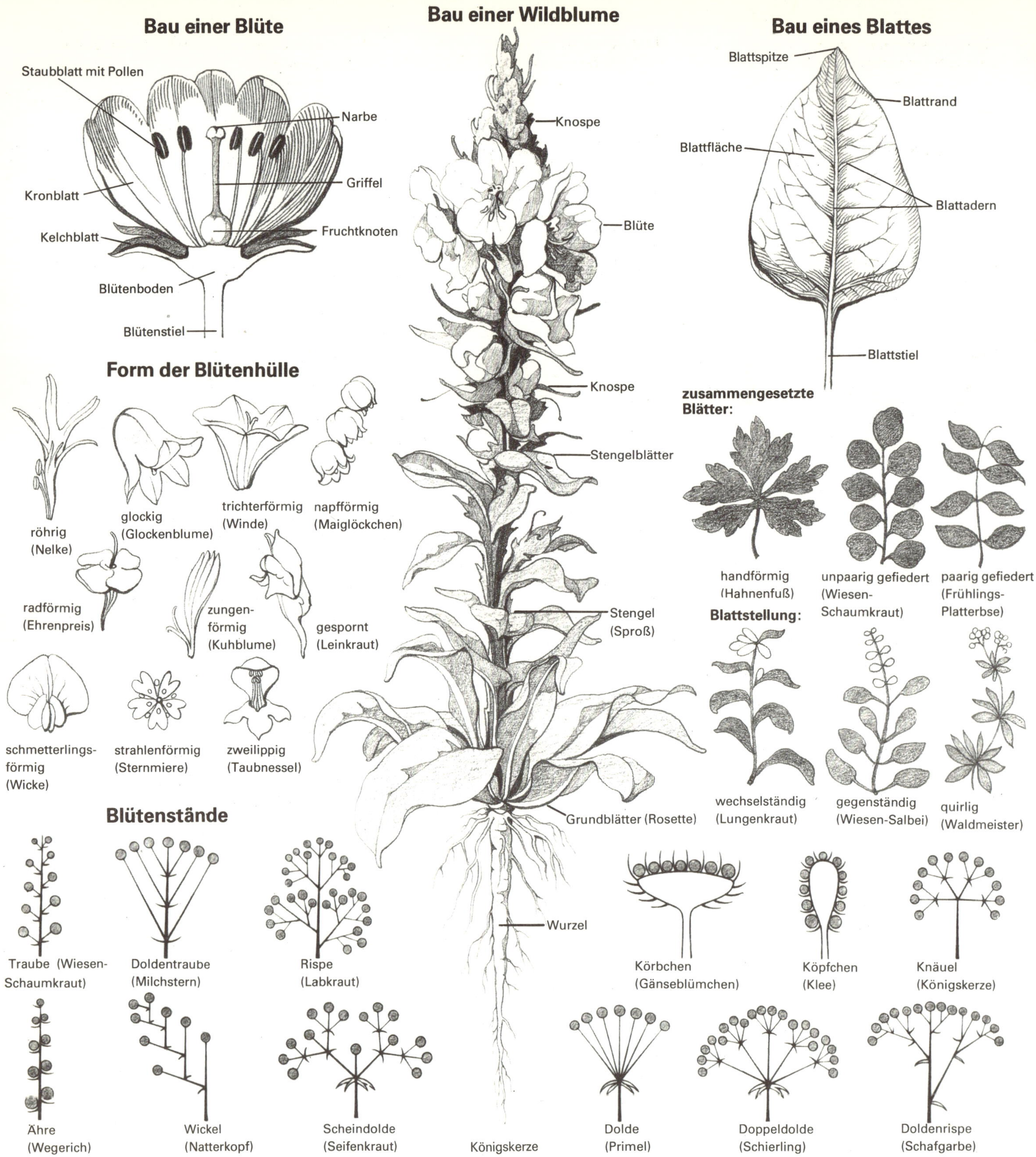
Bau einer Blüte
Staubblatt mit Pollen
Narbe
Griffel
Kronblatt
Kelchblatt
Fruchtknoten
Blütenboden
Blütenstiel
Bau einer Wildblume
Knospe
Blüte
Knospe
Stengelblätter
Stengel (Sproß)
Grundblätter (Rosette)
Wurzel
Königskerze
Bau eines Blattes
Blattspitze
Blattrand
Blattfläche
Blattadern
Blattstiel
Form der Blütenhülle
röhrig (Nelke)
glockig (Glockenblume)
trichterförmig (Winde)
napfförmig (Maiglöckchen)
radförmig (Ehrenpreis)
zungenförmig (Kuhblume)
gespornt (Leinkraut)
schmetterlingsförmig (Wicke)
strahlenförmig (Sternmiere)
zweilippig (Taubnessel)
zusammengesetzte Blätter:
handförmig (Hahnenfuß)
unpaarig gefiedert (Wiesen-Schaumkraut)
paarig gefiedert (Frühlings-Platterbse)
Blattstellung:
wechselständig (Lungenkraut)
gegenständig (Wiesen-Salbei)
quirlig (Waldmeister)
Blütenstände
Traube (Wiesen-Schaumkraut)
Doldentraube (Milchstern)
Rispe (Labkraut)
Körbchen (Gänseblümchen)
Köpfchen (Klee)
Knäuel (Königskerze)
Ähre (Wegerich)
Wickel (Natterkopf)
Scheindolde (Seifenkraut)
Dolde (Primel)
Doppeldolde (Schierling)
Doldenrispe (Schafgarbe)

Regine Süßkow

Wildblumen

Illustrationen von Wolf U. Friedrich

Der Kinderbuchverlag Berlin

AUF WIESEN UND WEIDEN

Ursprünglich gab es Wiesen und Weiden nur in Flußauen und an Gebirgshängen. Als der Mensch aber begann, Ackerbau und Viehzucht zu treiben, rodete er einen Teil der Urwälder; Felder, Wiesen und Weiden entstanden. Wiesen werden mehrmals im Jahr gemäht, um Grünfutter oder Heu zu gewinnen, auf Weiden suchen Rinder, Pferde, Schafe, Ziegen und Gänse ihr Futter. Weder das Mähen noch das Rupfen und Stampfen der Tiere schadet dem Grasland; im Gegenteil, bliebe es ungenutzt, würden sich bald wieder Bäume und Sträucher zwischen den Gräsern und Wildblumen ansiedeln. Trockener oder feuchter Boden gibt jeder Wiese ihr eigenes Gepräge. So finden wir Wiesen-Bärenklau nur auf sehr nassen Stellen, während der Hornklee trockenen Boden bevorzugt. Andere Wildblumen wiederum, zum Beispiel der Sauerampfer, die Wiesen-Flockenblume und die Kuhblume, wachsen auf fast jeder Wiese. Nur gedeihen auf feuchten Flächen die Pflanzen üppiger. Sie sind dann auch sattgrün gefärbt, während dieselben Pflanzen auf trockenen Wiesen einen viel niedrigeren Wuchs und graugrün getönte Blätter haben. Das Aussehen einer Wiese ändert sich während des Jahres viele Male. Scheint die Sonne im März bereits länger und fällt ein warmer Regen, dann beginnt es auf der Wiese zu grünen. Die tiefreichenden Wurzeln der Wiesenpflanzen saugen das Wasser auf, und die oberirdischen Sproßteile strecken sich. Mit dem zarten Grün der Gräser erscheinen auch die ersten Gelbtöne auf der Wiese. So finden wir an feuchten Stellen schon im März den Huflattich, im April die Schlüsselblumen und auf trokkenen Standorten das gelbe Frühlings-Fingerkraut. Die Kuhblume verwandelt Wiesen in gelbe Blütenteppiche. Nach den Gelbtönen färbt sich die Wiese im Mai weiß bis zartlila. Jetzt blüht das Wiesen-Schaumkraut. Die Blüten des Sauerampfers überziehen von Ende Mai bis Anfang Juni große Flächen mit einem roten Schleier.

Wenn im Sommer der Wiesen-Kerbel seine Blütendolden ausbreitet, sieht die Wiese aus, als wäre sie mit Schnee bedeckt. Danach beginnen auch die Gräser zu blühen. Nun wird die Wiese durch viele Wildblumen richtig bunt. Im Laufe des Sommers bilden die Wildblumen ihre Samenstände aus. Die krautigen Stengel verholzen und bleiben, zum Beispiel beim Wiesen-Kerbel, bis in den Winter erhalten. Durch Regen, Schnee und Wind werden die Stiele brüchig, fallen zusammen, und nur die unterirdischen Pflanzenteile bestehen fort, um im

Wiesen-Primel

Die **Wiesen-Primel** gehört zu den ersten Frühlingsblühern. Der lateinische Name primula bedeutet „die kleine Erste". Aber auch Schlüsselblume wird sie genannt. Diese Bezeichnung soll von der schlüsselbundähnlichen Gestalt des Blütenstandes herrühren. Auffälliger sind die großen Blüten der Hohen Primel, die im Gegensatz zur Wiesen-Primel nicht duften. Blüten und Wurzeln enthalten stark schleimlösende Wirkstoffe, deshalb befinden sich Primelblüten in Kräuterteemischungen

Frühling beim ersten warmen Regen aufs neue auszutreiben.

Eine der bekanntesten Wildblumen ist das **Gänseblümchen**. Es blüht fast das ganze Jahr über auf kurz gehaltenen Grasflächen. Man findet es am Rande der Wiesen, auf dem Rasen in Gärten und Grünanlagen und in Dörfern auf dem Anger. Die Blätter liegen rosettenartig flach auf dem Boden. Aus ihrer Mitte schieben sich schon im Januar und Februar auf dünnen Stielen die zartrosa Knospen hervor und blühen bei den ersten warmen Sonnenstrahlen weiß auf. Abends, wenn es kühler wird, schließen sich die Körbchen wieder. *Du kannst diese Reizwirkung von Kälte und Wärme auch in einem kleinen Versuch erproben!* Schneide dünne Scheiben von einem Flaschenkorken ab und durchbohre sie in der Mitte. Suche gut entwickelte Gänseblümchen mit großen Zungenblüten. Stecke die Stiele durch das Loch im Korken. Fülle eine Schüssel mit kaltem Wasser (10 °C) und eine andere mit warmem Wasser (36 °C). Setze die Korkscheiben mit den Gänseblümchen so vorsichtig auf das Wasser, daß die Blüten trocken bleiben. Beobachte die schwimmenden Blütenkörbe, wie sie sich im warmen Wasser öffnen, im kalten aber schließen!
Im zeitigen Frühjahr gesammelte Gänseblümchenblätter ergeben einen schmackhaften Salat. Früher diente die Pflanze auch als Heilmittel bei Entzündungen und Husten. Eine Kulturform des Gänseblümchens ist das Tausendschönchen, das viele Gärten und Grünanlagen schmückt. Es hat große gefüllte rote, rosa oder weiße Blütenkörbchen.
Schon im April kann bei Sonnenschein das **Wiesen-Schaumkraut** mit seiner weißen bis blaßlila Traube blühen und die Wiese wie mit Schaum überziehen. Bei regnerischem und kühlem Wetter schließen sich die Blüten. Die Blätter bilden auf dem Wiesenboden eine Rosette. Früher sammelte man diese Vitamin-C-haltigen Blätter und bereitete daraus einen Salat.
Siehst du die Pflanze etwas genauer an, so fallen speichelartige Schaumhäufchen auf. *Entferne vorsichtig solch ein Häufchen und untersuche, was sich darin verbirgt!* Du findest eine winzige Zikadenlarve, die zum Schutz vor dem Austrocknen Schaum bildet.
Auf feuchten, aber auch auf trockeneren Plätzen wächst das **Wiesen-Labkraut**. Die Blüte duftet süßlich. Der Name bezieht sich auf die Eigenschaft des Labkrautsaftes, der wie das Lab der Kälbermägen frische Milch schnell zum Gerinnen bringt.

Doldengewächse

Zur Familie der Doldengewächse gehören zahlreiche krautige Pflanzen mit hohlen, durch Knoten gegliederten Stengeln und meist gefiederten wechselständigen Blättern. Ihre weißen Blüten bilden Döldchen, die wiederum zu einer Dolde zusammengesetzt sind.

Scharfer Hahnenfuß
Wiesen-Schaumkraut
Wiesen-Labkraut
Wiesen-Margerite
Weiß-Klee
Gemeine Kuhblume
Gänseblümchen
Kriechendes Fingerkraut

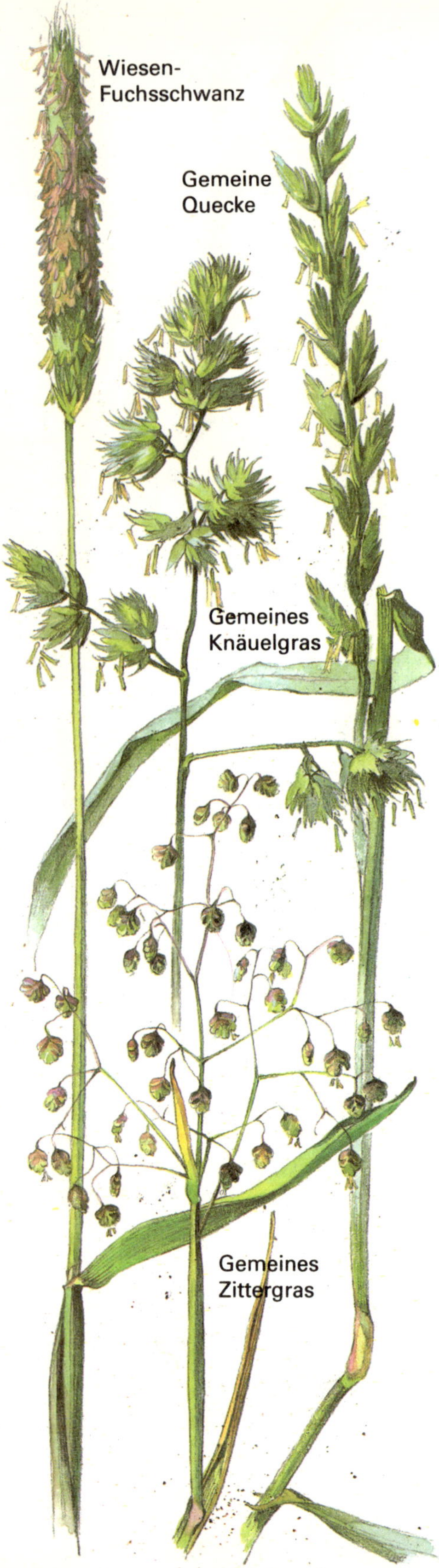

Deshalb verwendete man früher die Blätter des Labkrautes zur Käseherstellung. *Probiere, ob du auf diese Weise Milch rasch zum Gerinnen bringen kannst!* Die Stengel des Wiesen-Labkrautes sind vierkantig und rauh. Das Klebkraut, eine besondere Art des Labkrautes, trägt an Stengel und Blättern Hakenborsten. Damit zieht sich die Pflanze an benachbarten Gewächsen hoch. Berührt man sie, so bleibt die Pflanze „kleben". Die Labkräuter gehören zur Familie der Rötegewächse. Ihre Wurzeln und die unteren Teile der Stengel sind rötlich gefärbt.

Die duftenden Blüten des **Weiß-Klees** locken bereits im Mai viele Bienen an. Für die Haustiere ist nicht nur die grüne Pflanze ein wertvolles Futtermittel, auch die braunen Fruchtstände fressen sie gern. Klee ist aber noch auf eine andere Weise für die Landwirtschaft von Nutzen. Wie viele Schmetterlingsblütler (siehe Schmetterlingsblütengewächse Seite 36) lebt auch der Weiß-Klee mit Bodenbakterien in einer Lebensgemeinschaft. Diese Bakterien befinden sich in kleinen Knötchen an den Wurzeln. Sie wandeln den Stickstoff der Luft in Nährstoffe um und verbessern damit den Boden. Wir kennen viele Kleearten, die sich in der Größe der Pflanzen und der Farbe der Blüten voneinander unterscheiden. So gibt es den Rot-Klee, den Feld-Klee mit gelben und den kleinen Hasen-Klee mit rosa-weißlichen Blütenköpfen.

Meist ist das Blatt des Klees dreiteilig. Bis heute hat sich der alte Volksglaube erhalten, daß ein vierblättriges Kleeblatt Glück bringt. *Suche ein vierblättriges Kleeblatt!*

Eine weitverbreitete Wildblume ist die **Wiesen-Margerite**. Sie wächst auf jedem Grasland, aber auch auf Waldboden und an Feldrainen. An manchen Stellen tritt sie geradezu massenhaft auf. Deshalb heißt sie auch Wucherblume. Die Wiesen-Margerite gehört zu den Korbblütengewächsen (siehe Korbblütengewächse Seite 19).

Wird es im April etwas wärmer, so beginnt die **Gemeine Kuhblume** zu wachsen. Da man die Pflanze überall antrifft, ist sie sehr volkstümlich und hat verschiedene Namen. Kuh- oder Butterblume heißt sie wohl, weil die Kühe gern das saftige Kraut fressen. Sie wird auch als Pusteblume bezeichnet, da die reifen Samen, wenn du stark pustest, an kleinen Fallschirmen davonfliegen.

Weil der gelappte und gezackte Blattrand an eine kräftige Zahnreihe erinnert, wird sie auch

Süßgräser

Auf einer Wiese wachsen vor allem Gräser. Man unterscheidet Süß- und Sauergräser. Süßgräser haben meistens runde, hohle und durch Knoten gegliederte Stengel. Die Blätter sind lang, flach, gerollt oder gefaltet. Sie entspringen an den Knoten und umfassen den Stengel. Aus den Süßgräsern entstanden durch Züchtung sehr ertragreiche Grasarten und -sorten, aber auch besonders trittfeste Pflanzen für Sportplätze und Grünanlagen.

Löwenzahn genannt. Die gelben Blüten der Kuhblume öffnen sich bei Sonnenschein. Ist das Wetter trübe, bleiben die Körbchen geschlossen. Abgepflückte oder abgemähte Blüten können noch Samen ausbilden. Der Stiel enthält einen klebrigen, milchigen Saft. Im Frühjahr gesammelte junge, zarte Blätter ergeben einen vitaminreichen Salat. Bitterstoffe aus den Wurzeln und Blättern sind in Arzneimitteln enthalten, die bei Magenbeschwerden helfen.

Suche Kuhblumen von einem feuchten und einem trockenen Standort! Vergleiche die Länge der Blütenstiele. Sind die Unterschiede nicht erstaunlich?

Bis zu einem Meter lange auf der Erde liegende Stengel bildet das **Kriechende Fingerkraut**. An den Blattknoten entwickeln sich Wurzeln, und so entstehen immer neue Pflanzen. Die Blätter sind fünfzählig gefingert, daher hat es auch seinen Namen. Es beginnt im Mai zu blühen.

Bereits im März zeigt das Frühlings-Fingerkraut seine ersten Blüten. Man findet es vorwiegend auf trockenen Standorten.

Dem Fingerkraut ähnlich sind die gelbblühenden Hahnenfußgewächse (siehe Hahnenfußgewächse Seite 36). Während das Gelb der Blüten beim Fingerkraut stumpf ist, glänzen die Kronblätter beim Hahnenfuß. Sein Name rührt von den tief geteilten Blättern her, die an einen Hahnenfuß erinnern. Der Kriechende Hahnenfuß verbreitet sich vorwiegend durch Ausläufer. Er gedeiht vor allem auf feuchten Standorten. Seine kräftigen Wurzeln gehen tief in den Boden. *Versuche einmal eine kleine Ausläuferpflanze herauszuziehen!* Du wirst dich ziemlich anstrengen müssen, denn die Wurzeln halten sie sehr fest. Im Garten läßt sich der Kriechende Hahnenfuß daher schwer ausrotten.

Von den aufrecht wachsenden Hahnenfußarten sind viele giftig. Leicht behaart ist der **Scharfe Hahnenfuß**. Schon die Berührung der Blätter kann bei empfindlichen Menschen Hautausschläge verursachen. Der Verzehr von Pflanzenteilen kann zu Ohnmachtsanfällen und Krämpfen führen. Man sollte den Scharfen Hahnenfuß deshalb möglichst nicht pflücken. Auch Tiere meiden das Kraut. Im Heu ist es ungefährlich.

Trockene Standorte bevorzugt der ebenfalls giftige Knollige Hahnenfuß. Der Name weist auf die knollige Verdickung am Stengelgrund hin. Gut erkennbar ist er auch an den zurückgeschlagenen Kelchblättern der Blüte.

Sauergräser

Sauergräser wachsen auf nährstoffarmen und nassen, das heißt auf sauren Böden. Man bezeichnet sie auch als Riedgräser. Sie haben einen dreikantigen Stengel und scharfrandige Blätter, an denen man sich leicht die Finger aufreißen kann. Am Blattgrund sind sie niemals knotig verdickt. Riedgräser werden im Gegensatz zu den Süßgräsern von den Tieren nicht gern gefressen.

Die einzelnen Blüten des **Wiesen-Knöterichs** sind recht klein. Sie bilden am Ende des Stengels eine rötliche Scheinähre. Der bis zu einem Meter hoch werdende Stengel ist durch Knoten gegliedert, daher der Name Knöterich. Wegen des schlangenartig gewundenen Wurzelstocks heißt die Pflanze in manchen Gegenden Schlangen-Knöterich. Auf feuchten Wiesen hat er seinen Standort.

Der **Wiesen-Sauerampfer** verdankt seinen Namen dem säuerlichen Geschmack der Blätter. Er rührt von der giftigen Kleesäure her, die sich auch im Sauerklee befindet. Mit dieser Säure schützt sich die Pflanze vor Schnecken- und Raupenfraß. Wie beim Wiesen-Knöterich ist auch beim Sauerampfer die einzelne Blüte unscheinbar. Tritt die Pflanze jedoch zahlreich auf, was an feuchten Standorten durchaus der Fall sein kann, so leuchtet die Wiese in weinroter Farbe. Der Wiesen-Sauerampfer paßt sich mit seinen Wurzeln gut den Bodenverhältnissen an. *Suche dir je eine Pflanze von feuchter und trockener Wiese und vergleiche die Wurzeln!* (Antwort siehe Seite 65)

Nelken gehören zu den schönsten Blumen. Typisch bei ihnen ist, daß die Kelchblätter wie zu einer grünen Blumenvase zusammengewachsen sind, aus der die Kronblätter hervorragen. Bei den Gartennelken sind die Blüten zerschlitzt, gefüllt, groß, von Weiß bis Dunkelrot gefärbt und duften angenehm.

Auch die **Kuckucks-Lichtnelke** hat stark zerschlitzte Kronblätter, das unterscheidet sie von anderen Lichtnelkenarten. Sie wächst sogar auf nassem Standort. In den Blattachseln findet man wie beim Wiesen-Schaumkraut öfter Schaumhäufchen. Sie werden im Volksmund „Kuckucksspucke" genannt. Wegen ihrer auffallend rot leuchtenden Blüte heißt sie auch Lichtnelke. Der feine Samen wird vom Wind verbreitet.

An trockenen Stellen finden wir **Wiesen-Flockenblumen**. Ihre Blüten ähneln denen einer Kornblume. Sie werden von Hummeln bestäubt. *Wenn du mit einem dünnen Stöckchen die Staubblätter berührst, kannst du beobachten, wie Blütenstaub herausquillt.* Der feste Stengel der Wiesen-Flockenblume läßt sich schwer pflücken. Von Weidetieren wird die graufilzig behaarte Pflanze nicht gern gefressen.

Glockenblumen kannst du leicht erkennen. Sie haben glocken- oder trichterförmige hellblaue bis violette, manchmal auch weiße Blüten. Ungefähr zweihundertfünfzig Arten von Glockenblumen sind bekannt: hohe und niedrige, auf sonnigen oder schattigen, auf feuchten oder trockenen Standorten wachsende. Einige der Pflanzen erhielten ihren Namen nach der Blattform, so auch die Rundblättrige Glockenblume. Am Boden bilden sich bei ihr im Frühjahr aus dem überwinterten Wur-

Frühlings-
Adonisröschen
Kuckucks-
Lichtnelke
Breitblättriges
Knabenkraut
Wiesen-Kuhschelle
Wiesen-Sauerampfer
Vogel-Wicke
Wiesen-Salbei

zelwerk zuerst herzförmige bis runde Grundblätter, die bald absterben. Dann wird es schwierig, die Rundblättrigkeit zu erkennen, da an den Blütenstengeln längliche Blätter wachsen. Die Rundblättrige Glockenblume gedeiht im Gras trockener Weiden und auf Waldwiesen. Sie wird deshalb auch Gras-Glockenblume genannt. Die **Wiesen-Glockenblume** bevorzugt dagegen nährstoffreiche Böden. An ihrem vierkantigen, verzweigten Stengel sitzen blauviolette, trichterförmige Blüten. Von anderen Glokkenblumen kannst du sie an den zurückgebogenen Zipfeln ihrer Kronblätter unterscheiden. Die Blüten stehen bei Sonnenschein aufrecht, bei trübem Wetter und nachts hängen sie herab, um das Blüteninnere vor Feuchtigkeit zu schützen. Bestäubt wird die Wiesen-Glockenblume von Bienen und Hummeln.

Wiesen-Salbei bevorzugt einen trockenen Standort. Die gesamte Pflanze ist behaart und recht hart. Das Weidevieh frißt sie deshalb nicht. Den Blättern entströmt aus der drüsigen Behaarung ein angenehmer Duft, er stammt vom Salbeiöl. Dieses Öl findet in Arzneimitteln Verwendung. Allerdings wird dazu die Echte Salbei angebaut. Die blauvioletten Lippenblüten (siehe Lippenblütengewächse Seite 36) der Wiesen-Salbei sehen wie ein geöffneter Mund aus. Sie werden vorwiegend von Hummeln besucht und bestäubt.

Beobachte den Bestäubungsvorgang! (Antwort siehe Seite 65)

Schlaffe Stengel hat die **Vogel-Wicke**. Am Ende der paarig gefiederten Blättchen wachsen Ranken, mit denen sie sich an anderen Pflanzen hochzieht. Die einzelnen Blüten sind recht klein. Sie bilden jedoch eine ansehnliche blauviolette Traube. Wenn in ihrer Nähe keine anderen Pflanzen stehen, an denen sie hochklettern kann, breitet sich die Vogel-Wicke auf dem Erdboden aus.

Der Mensch verändert durch seine Tätigkeit zunehmend die Umwelt und beeinflußt auch die Lebensbedingungen der Tiere und Pflanzen. Viele Wildpflanzen sind selten geworden oder in einzelnen Landschaften bereits verschwunden. Um die Vielfalt der Arten zu erhalten, gibt es Schutzbestimmungen für Pflanzen oder ganze Landschaftsteile. Auch viele Wildblumen stehen unter Naturschutz. Sie dürfen nicht ausgegraben oder gepflückt werden. Zu ihnen gehört das **Frühlings-Adonisröschen**. Es wächst an sonnigen Hängen oder in lichten Kiefernwäldern mit kalkhaltigem Boden. Seine bis zu fünf Zentimeter großen Blüten gleichen vielstrahligen leuchtend gelben Sternen. Das Frühlings-Adonisröschen ist giftig. Es wird angebaut, um daraus Medikamente herzustellen.

Auch die **Wiesen-Kuhschelle** oder Küchenschelle liebt einen trockenen kalkhaltigen Standort auf Wiesen oder in lichten Kiefernwäldern. Auffallend ist die bis zu fünf Zentimeter große violette Blüte, die wie eine Glocke aussieht. In manchen Gegenden nennt man Glocken auch Schellen. Die Blüte erscheint schon Ende März bis April, ihre dichtbehaarte Blütenhülle schützt sie vor Kälte und Austrocknung. Die Blätter entwickeln sich erst später. An den Samen, kleinen Nüßchen, sitzen lange Haare. Bläst der Wind, so fliegen die Samen davon. Die Wiesen-Kuhschelle ist ebenfalls giftig und wird als Heilpflanze genutzt.

Auf nassen Wiesen wächst das **Breitblättrige Knabenkraut**. Es gehört zu den Orchideen. Eine Besonderheit dieser Pflanzenfamilie ist, daß ihre sechs Kronblätter auf vielfältige Art, etwa zu einem Helm, einem Insektenkopf oder einem Pantoffel, zusammengesetzt sind. Es gibt Einzelblüten oder auch große Blütenstände. In den Tropen wachsen die meisten Orchideen auf Bäumen. Die Blätter des Breitblättrigen Knabenkrautes sind gefleckt. Seine Blütchen tragen einen Sporn. Zwanzig bis fünfzig sind zu einer Blütenähre zusammengesetzt. Sie fällt unter den anderen Wiesenblumen wegen ihrer Größe und dunkelroten Farbe sofort ins Auge.

Ebenfalls braungefleckte Blätter hat das **Gefleckte Knabenkraut**, sie sind aber wesentlich schmaler. An der Blattform lassen sich die Arten gut unterscheiden.

Beide Knabenkräuter bevorzugen nasse Wiesen.

AM FELDRAND

In der Landwirtschaft bezeichnet man alle Pflanzen, die neben den ausgesäten Kulturarten wachsen, als Unkräuter. Sie machen den Feldfrüchten oft den Platz streitig und entziehen ihnen Licht, Nährstoffe und Wasser. Manche sind auch giftig oder Überträger von Schädlingen und Krankheiten. Deshalb ist der Landwirt bestrebt, die Unkräuter nach Möglichkeit durch Bodenbearbeitung und Chemikalien zu bekämpfen.
Am Feldrand kann man die nebeneinander verlaufende Entwicklung von Kulturpflanzen und Unkräutern gut beobachten. Kornblume, Klatsch-Mohn, Acker-Senf und Hederich wachsen mit dem Korn zusammen heran, ihre Samen fallen aber meist noch vor der Getreideernte aus, oder sie gelangen in das Saatgut und werden im nächsten Jahr auf den Feldern mit ausgesät. Andere Samen kommen mit dem Stroh in die Scheune und dann beim Miststreuen wieder zurück aufs Feld. Feine Unkrautsamen werden vom Mähdrescher gleich wieder mit der Spreu über den Boden verteilt. Unkräuter wie die Vogelmiere bilden die Samen in kurzer Zeit aus. So können zwei oder sogar drei Generationen vom Frühjahr bis zum Herbst heranwachsen. Samen des Feld-Rittersporns keimen zusammen mit dem Wintergetreide bereits im Herbst. Die Jungpflanzen überdauern Schnee und Frost und blühen im Frühsommer. Das Feld-Stiefmütterchen dagegen trägt noch im Oktober nach der Ernte Blüten und Samen.
Samenunkräuter bilden schneller und in größeren Mengen als Kulturpflanzen Samen aus, um sich zu behaupten. Dagegen überstehen Wurzelunkräuter durch ihre tief in den Boden reichenden Wurzeln eine häufige Bodenbearbeitung im Garten, auf Hackfruchtfeldern oder in Weinbergen. Bei Quecke, Schachtelhalm, Ackerwinde und Kratzdistel entwickeln sich sogar aus Wurzelstücken neue Pflanzen.
Doch nicht nur die Kulturpflanzen, sondern auch unterschiedliche Bodenarten beeinflussen die Unkrautgesellschaften. Auf Sandboden wachsen andere Pflanzen als auf Lehm. Aber auch kalk- oder säureliebende Unkräuter kennen wir. So sind Stiefmütterchen und

Kornblume

Kornblume und Klatsch-Mohn sind wohl die bekanntesten Wildblumen in einem Getreidefeld. Aus den Blüten der Kornblume wird ein Farbstoff für Parfüms und zum Färben von Wolle gewonnen. Früher legte man in Kornblumentee getauchte Tücher auf entzündete Augen. Da Stengel und Blätter hart und rauh sind, werden Kornblumen von Tieren nicht gefressen. Im Garten wachsen Zierformen mit rosa, weißen und auch gefüllten Blüten.

Kamille ein Anzeichen dafür, daß dem Boden Kalk fehlt.

Auf allen vom Menschen bearbeiteten Böden wächst die **Vogel-Sternmiere**, oft einfach Vogelmiere genannt. Sie ist eine genügsame Pflanze und eigentlich ein unauffälliges Kräutlein mit weißen, sternförmigen Blüten. Ihre saftigen Blätter und die Samen werden gern von Vögeln gefressen. Wegen der daran haftenden Ölkörper holen sich auch Ameisen die Samen der Vogelmiere und verbreiten sie dadurch. Vogelmiere bildet unzählige Samen aus. Die ersten reifen schon im zeitigen Frühjahr, dadurch wachsen in einem Jahr mehrmals hintereinander Pflanzen heran. Die letzten überwintern mit vollem Laub, bei günstigem Wetter erscheinen sofort wieder Blüten und Früchte.
Die Echte Sternmiere hat größere Kronblätter. Sie wächst in Laubwäldern und an Gebüschen.
Nach einer Stützpflanze sucht die **Ackerwinde**. Ihre Triebe kriechen auf dem Boden in alle Richtungen, und sobald sie einen Halt finden, schlingen sie sich daran links herum in die Höhe.

Getreide

Getreide gehört zur Familie der Süßgräser. Es besitzt einen langen elastischen Halm, der durch Knoten gegliedert ist. Die Blüten bilden eine Ähre oder Rispe.
Die Halme des **Weizens** können über eineinhalb Meter hoch werden. An der kurzen schweren Ähre sitzen kaum Grannen.
Die Körner der **Gerste** liegen in zwei oder in vier Zeilen in der Ähre, die mit langen, rauhen Grannen besetzt ist.
An den bis zu zwei Meter hohen Halmen des **Roggens** wachsen bläulich bereifte Blätter. Die Körner sitzen in einer Ähre mit langen Grannen.
Beim **Hafer** bildet der Blütenstand eine Rispe, die auf einem recht kurzen Halm sitzt.
Die Völker Afrikas sowie Mittel- und Südamerikas ernähren sich vorwiegend von **Mais**. Er wurde im 16. Jahrhundert aus Amerika nach Europa gebracht.

Dabei umklammern die Triebe die Stützpflanze so fest, daß sie im Wachstum zurückbleibt. Man kann sich vorstellen, daß der Landwirt die Ackerwinde als lästiges Unkraut ansieht, wenn sie an Kulturpflanzen hochwächst. Da sie meterlange unterirdische Ausläufer bildet und ihre Samen jahrelang keimfähig bleiben, läßt sie sich schwer bekämpfen. Wie bei vielen Wildpflanzen findest du Knospen, Blüten und Samenkapseln an einer Pflanze. Die trichterförmigen weißen oder rosa Blüten duften angenehm, halten aber nur einen Tag. Gezüchtete Arten mit großen bunten Blüten heißen Trichterwinden.

Eine der heute noch am häufigsten verwendeten Heilpflanzen ist die **Echte Kamille**. Heilwirkung besitzen die ätherischen, leicht flüchtigen Öle in den Blütenkörbchen, die während der Blütezeit gesammelt und anschließend getrocknet werden. Zerreibt man Pflanzenteile zwischen den Fingern, so entströmt ihnen der angenehme aromatische Duft. Die Anwendung der Kamille ist vielfältig, sie reicht von Tees mit krampflösender und heilender Wirkung über Salben bei Entzündungen bis zum Inhalieren bei Schnupfen. Die Echte Kamille ist ein Korbblütengewächs. Der äußere Blütenkranz aus zungenförmigen weißen zurückgeschlagenen Kronblättern umgibt zahlreiche gelbe Röhrenblüten.

Leicht verwechseln kann man die Echte Kamille mit der Geruchlosen Kamille (Hundskamille), die aber nicht wie die Echte Kamille duftet. Ihr Blütenboden ist im Gegensatz zum hohlen Korbboden der Echten Kamille mit Mark gefüllt. Die Geruchlose Kamille hat keine Heilwirkung. Der Strahlenlosen Kamille fehlen die weißen zungenförmigen Blütenblätter. Sie duftet wie die Echte Kamille, enthält jedoch nur eine geringe Menge heilender Stoffe.

Wie die Ackerwinde so ist auch der **Acker-Senf** im Getreidefeld ein lästiges Unkraut. Er wird allerdings als Viehfutter angebaut. Der Samen ist ölhaltig. Eine verwandte Art des Acker-Senfs liefert das Senfkorn, das zum Würzen genutzt oder zu Speisesenf verarbeitet wird.

Hederich, auch Acker-Rettich genannt, sieht dem Acker-Senf ähnlich. Die Früchte beider Pflanzen sind Schoten. In den Schoten des Hederichs sehen die Samen wie aufgefädelte Perlen aus.

Der Garten-Rettich und das Radieschen sind verwandte Arten des Hederichs. Acker-Senf und Hederich gehören zur Pflanzenfamilie der Kreuzblütengewächse (siehe Seite 16).

Eine „Eselsbrücke" hilft uns, beide Arten zu unterscheiden. Beim Hederich ist die Krone hellgelb gefärbt, besitzt violette Adern, und die Kelchblätter stehen aufrecht (sie sind ge**h**oben = **H**ederich). Beim Acker-Senf sehen wir innen die goldgelben Kronblätter und außen die kleineren grünen, heruntergebogenen Kelchblätter (sie sind ge**s**enkt = **S**enf).

Mit seinen roten Blüten belebt der **Klatsch-Mohn** einen Feldrand. Die grünen, behaarten Knospen hängen zunächst an den borstigen Stielen. Allmählich richten sie sich auf, und zwischen zwei Kelchblättern, die später abfallen, erscheint eine zunächst noch völlig zerknitterte, später seidig schimmernde rote Blüte. Im Innern sitzen viele kleine schwarze Staubblätter um den Fruchtknoten. Die Blüte hält nur kurze Zeit. Ihre Fruchtkapsel entwickelt sich schnell. Sie sieht einer Dose mit Deckel ähnlich. Der Deckel wird beim Reifen des Samens löchrig. Wenn der Wind am Stengel rüttelt, fallen die Samen nicht nur unmittelbar neben der Mutterpflanze zu Boden, sondern breiten sich im weiteren Umkreis aus. Vögel pikken gern an der Mohnkapsel. Eine Kulturform liefert den größeren und schmackhafteren Mohn für den Kuchen. Ihre Blüten enthalten einen Wirkstoff, der Vergiftungen hervorruft.

Früher sammelte man die Blütenblätter, trocknete sie und bereitete daraus einen Schlaftrunk. In Gärten finden wir Formen mit großen gefüllten Blüten in Rot, Rosa und Weiß.

Der Name Rittersporn rührt, wie wir es schon öfter bei den Wildblumen kennengelernt haben, von der Form der Blüte her. Sie besitzt einen langen spitzzulaufenden Sporn. Nur Hummeln können mit ihren langen Rüsseln an

Acker-Senf
Hederich
Feld-
Rittersporn
Echte Kamille
Vogel-
Sternmiere
Klatsch-Mohn
Wildes
Stiefmütterchen
Ackerwinde

AM WEGRAND

Um Wildblumen zu finden, muß man nicht immer auf eine Wiese oder in einen Wald gehen. Schon am Wegrand, ja sogar am Straßenrand siedeln sie sich an. Die meisten Menschen beachten sie gar nicht oder sehen in ihnen nur Unkräuter. Aber was sind das für Pflanzen, die noch wachsen können, wo nur wenig Boden vorhanden ist, wo das Regenwasser kaum ins Erdreich dringt und wo sie niedergetreten werden? Auch durch Schutt und Unrat wachsen sie noch hindurch.

Nach dem Bau von Straßen, Wegen oder Plätzen breiten sie sich aus den umliegenden Wäldern, Wiesen und Gärten aus, ihre Samen werden durch Wind, Tiere und Menschen verteilt, oder lange unterirdische Ausläufer dringen in den frischen Boden vor. Je schlechter die Lebensbedingungen sind, um so kümmerlicher ist auch der Wuchs. Vielen Wildblumen gelingt es überhaupt nicht, sich dort anzusiedeln. Sie brauchen tiefe Pfahlwurzeln wie die Weg-Malve oder ein reichverzweigtes Wurzelwerk wie das Gemeine Leinkraut, um an ausreichend Wasser zu gelangen. Die Verdunstung durch Blätter und Stengel darf nur gering sein. Sie wird auf verschiedene Weise eingeschränkt. So ist das Leinkraut durch eine dicke Wachsschicht

Zypressen-Wolfsmilch

An Wegrändern wächst die **Zypressen-Wolfsmilch**. Aus einem fleischigen Wurzelstock sprießt der Stengel mit feinen Blättern, dünn wie Zypressennadeln (Zypressen sind Nadelgehölze aus südlichen Ländern).
Im Sommer wirft die Pflanze die unteren Blätter ab und kann so längere Trockenzeiten überdauern.
Die Zypressen-Wolfsmilch enthält einen milchigen, giftigen Saft. Früher nahm man ihn zum Abbeizen von Warzen.

geschützt. Auch eine dichte Behaarung vermindert den Wasserverlust. In gleicher Weise wirken sehr kleine Blätter, wie zum Beispiel bei der Wolfsmilch. Die dikken Blätter des Mauerpfeffers dienen sogar als Wasserspeicher.

Bei der Vogelmiere kann man beobachten, wie in der feinen Behaarung der Blattachseln Tautropfen als zusätzliche Wasserversorgung aufgefangen werden. Viele Wegrandbewohner bilden am Boden eine breite Blattrosette, in der Regenwasser wie in einem Trichter gesammelt und an die Wurzeln weitergeleitet wird. Die meisten Pflanzen am Wegrand entwickeln Unmengen von Samen und sichern so ihr Fortbestehen.

Auch auf Müll- und Schuttabladeplätzen oder auf verlassenen Gehöften siedeln sich schnell Wildpflanzen an. Ihre Samen werden durch Klettvorrichtungen oft vom Menschen selber verbreitet. Pflanzen, die sich als erste dort ansiedeln, nennt man Schutt- oder Ruderalpflanzen. Müll enthält viel Stickstoff, den diese Gewächse bevorzugen. Zu ihnen gehören Brennessel, Klette, Distel, Taubnessel und Schöllkraut. Nimmt der Stickstoffgehalt ab, verschwinden sie allmählich wieder, und andere Pflanzen treten an ihre Stelle.

Die **Weiße Taubnessel** hat Blätter wie eine Brennessel; sie bilden aber keine Brennhaare und sind deshalb „taub". Die Pflanzen wachsen vor allem an Wegrändern, aber auch an Schuttplätzen, in Gebüschen, in Auwäldern und an Gräben. Ihre weißen Blüten bestehen aus einer helmartigen Oberlippe und zwei Unterlippen. Außer der Weißen Taubnessel kennen wir noch die Purpurrote Taubnessel, die Goldnessel und die Gefleckte Taubnessel. *Pflücke eine Weiße Taubnessel und stelle sie in Tinte! Beobachte, was geschieht!* (Antwort siehe Seite 65)

Die schwach aromatisch duftende **Gemeine Schafgarbe** wächst an trockenen Wegrändern. Beim Zerreiben von Pflanzenteilen verstärkt sich der Geruch. Ihre Blüte hat einen schmutzig weißen, manchmal auch rosa Farbton. Die Samenkörner sind schmal geflügelt und tragen ebenso wie die Samen der Vogel-Sternmiere einen Ölkörper, der Ameisen als Nahrung dient. Schafe fressen die Pflanze gern. Als Heilkraut fand die Schafgarbe seit alters Verwendung. Sie wirkt lindernd bei Verdauungsstörungen, Brechreiz und Magenkrämpfen. Daher stammt wohl auch der in manchen Gegenden gebräuchliche Name Bauchwehkraut. Man kann feingeschnittene junge Schafgarbeblätter auf Butterbrot streuen oder zu einem Salat bereiten.

Auch zur Pflanzenfamilie der Korbblütengewächse am Wegrand gehören der Huflattich, die Gemeine Goldrute und der Rainfarn.

Huflattich bevorzugt einen feuchten Standort und kalkhaltigen Boden. Deshalb findet man ihn in der Nähe von alten Tongruben und Ziegeleien, aber auch an Bauschuttplätzen und Wegen. Die gelben Blüten kommen bei warmem Wetter schon im März zum Vorschein, sie fallen in der sonst noch farblosen winterlichen Natur besonders auf. Später entwickeln sich kugelrunde, wollige Fruchtstände und danach erst die großen herzförmigen Blätter. Auf der Blattunterseite und an den Stielen sitzen weißliche Wollhaare. Der Huflattich bildet im Sommer dicke unterirdische Ausläufer, aus denen dann im Frühjahr die Blüten sprießen. Früher war der Huflattich das bekannteste Mittel gegen Husten. Aus ihm wurde nicht nur Tee bereitet, sondern man inhalierte auch den Rauch der angezündeten Blätter. Noch heute bildet er einen wichtigen Bestandteil des Brusttees.

Korbblütengewächse

Zu dieser Pflanzenfamilie gehören Bäume und Sträucher, aber auch eine ganze Reihe von Wildblumen.
Ihr korbartiger Blütenstand sieht wie eine große Einzelblüte aus, setzt sich aber aus einer Vielzahl kleiner Blütchen zusammen. Bei der Wiesen-Margerite ist das Körbchen gut erkennbar. Es wird aus Röhren- und Zungenblüten gebildet. Das Körbchen von Rainfarn, Flockenblume und Kratzdistel besteht nur aus Röhrenblüten, das von Kuhblume und Habichtskraut nur aus Zungenblüten. Die Früchte der Korbblütler sind Nüßchen.

Bau einer Korbblüte

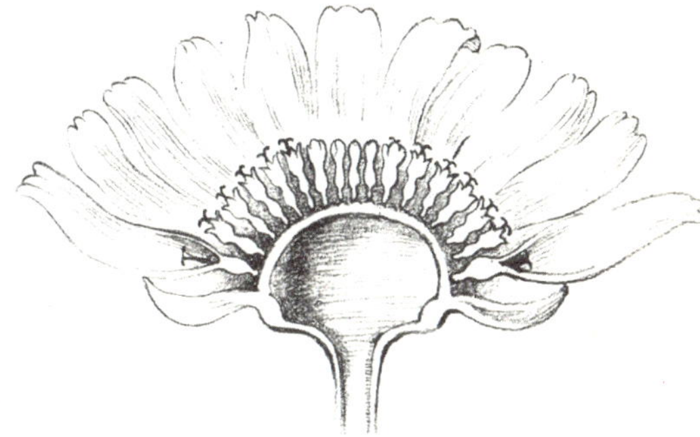

Körbchen aus Röhren- und Zungenblüten (Wiesen-Margerite)

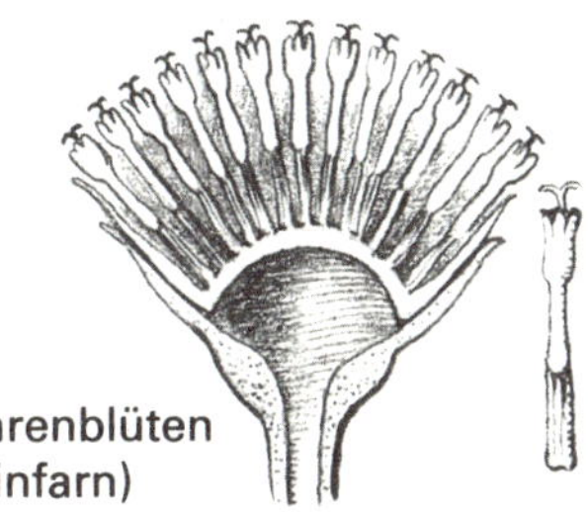

Röhrenblüten (Rainfarn)

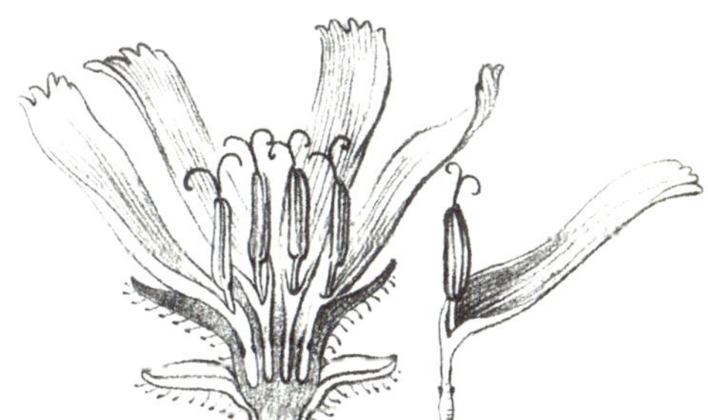

Zungenblüten (Gemeine Wegwarte)

Frucht

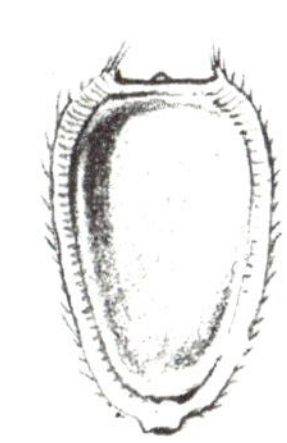

Nüßchen (Wiesen-Margerite)

Auf Doldenblüten suchen viele Insektenarten Nektar.

Falterblume (Nelke)

Bienenblume (Glockenblume)

Hummelblume (Taubnessel)

Fliegenblume (Blutweiderich)

Insekten suchen Nahrung

Manche Wildblumen werden hauptsächlich von Faltern, andere von Wespen und wieder andere von Fliegen oder auch Bienen besucht. Die Insekten finden in den Blüten Pollen oder Nektar als Nahrung, dabei bestäuben sie die Blüten.

Der Huflattich gehört zu den Pflanzen, deren Samen schnell keimen. *Säe Samenkörner in einen Blumentopf und beobachte den Keimvorgang ein paar Tage lang!*

An trockenen Wegrändern und Rainen finden wir den **Rainfarn**. Seine fein gefiederten Blätter erinnern an die Wedel des Farnkrautes. Auf kantigen Stengeln wachsen gelbe Korbblüten, die zu einer endständigen Trugdolde zusammengesetzt sind. Die Pflanze verbreitet einen herben Geruch, der von einem ätherischen Öl herrührt. Rainfarn kann Leber- und Nierenschäden verursachen, deshalb sollte man ihn nicht als Würzpflanze verwenden, wie es in manchen Küchenkräuterbüchern angeregt wird.

Bis zu einem Meter Höhe erreicht die **Gemeine Goldrute**. Ihr Stengel ist dicht beblättert. An der Spitze sitzen die Blüten in Trauben oder Rispen. Die äußeren Zungenblüten sind deutlich länger als die inneren Röhrenblüten. Die heimische Gemeine Goldrute wächst in Laubwäldern und Gebüschen am Wegrand. Sie ist heute seltener als die Kanadische Goldrute, die im vorigen Jahrhundert aus Kanada nach Europa als Zierpflanze eingeführt wurde und später verwilderte. Die kanadische ist kräftiger als die heimische Goldrute und kann über zwei Meter hoch werden, hat aber unscheinbarere Blüten. Die äußeren Zungenblüten überragen nicht die inneren Röhrenblüten.

Beide Goldrutenarten wuchern, das heißt, sie bilden starke unterirdische Ausläufer. *Stelle fest, welche Goldrutenart du in deiner Umgebung findest!*

Noch im Oktober blüht das **Gemeine Leinkraut**. An einem glatten Stengel wachsen schmale Blätter, die dem Flachs, auch Lein genannt (daraus wird Leinen hergestellt), ähneln. Die Blätter sind durch eine Wachsschicht vor dem Austrocknen geschützt. Am Stengelende erscheint ab Juni der gelbe Blütenstand, seine zunächst keglige Form verlängert sich allmählich zu einer Traube. Die einzelne Blüte erinnert an einen Mund. Nur große Insekten können die Unterlippe der Blüte herunterdrücken, um an den Nektar zu gelangen, der sich in einem Sporn sammelt. *Wenn du am Sporn leicht drückst, kannst du von außen erkennen, ob noch Nektar vorhanden ist. Pflücke die Blüte ab und koste den Nektar!*

Während der obere Teil des Blütenstandes noch Knospen trägt, haben sich unten bereits die ersten vierklappigen Samenkapseln ausgebildet. An einer Pflanze können bis zu 30000 Körner reifen. Das Leinkraut enthält in Blättern und Wurzeln einen scharfschmeckenden Stoff, der früher als Heilmittel verwendet wurde.

An Weg- und Gebüschrändern siedelt sich der **Gemeine Hornklee** an. Seine Fruchtstände stehen steif wie Hörner, deshalb heißt die Pflanze im Volksmund auch Hornschotenklee.

Gemeine Schafgarbe
Weiße Taubnessel
Huflattich
Rainfarn
Gemeines Leinkraut
Gemeine Goldrute
Gemeiner Hornklee

Klettfrüchte

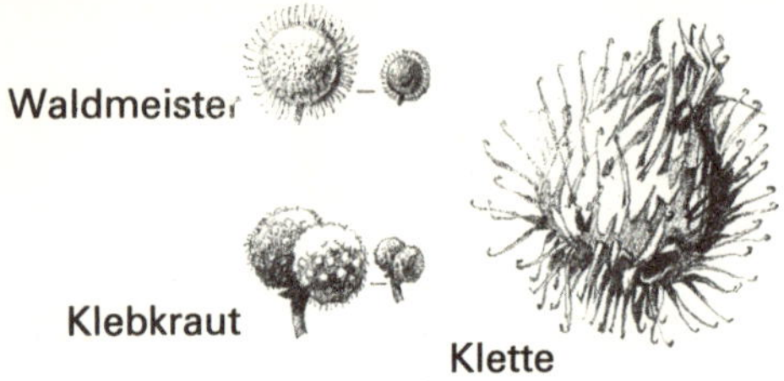

Samen mit ölhaltigem Anhängsel

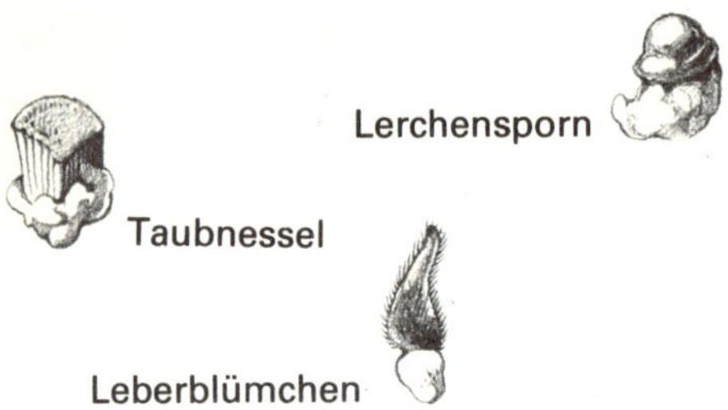

Samenverbreitung durch Tiere

Im allgemeinen fällt der Samen nicht weit von der Mutterpflanze zu Boden. Wenn die Samen Häkchen, Stacheln oder Borsten tragen, bleiben sie damit am Fell und an Federn vorbeistreichender Tiere oder an der Kleidung von Menschen haften. So werden zum Beispiel die Samen von Klette, Klebkraut oder Wilder Möhre davongetragen.
Viele Früchte sind ein beliebtes Futter für Vögel, die unverdaulichen Samen werden wieder ausgeschieden. Weidetiere verbreiten auf diese Weise den Kleesamen.
Eine große Anzahl von Wildblumen trägt an ihren Samenkörnern ein fleischiges, ölhaltiges Anhängsel, das gern von Ameisen gefressen wird. Zerdrücke solch ein Samenkorn zwischen Seidenpapier! Es gibt einen Fettfleck. Schöllkraut, Taubnessel, Günsel, Leberblümchen, Lerchensporn, Lungenkraut, Veilchen und Vergißmeinnicht haben dieses Anhängsel am Samen. Streue Samen der genannten Pflanzen, ohne ihn mit der Hand berührt zu haben, auf eine „Ameisenstraße" und beobachte, was die Ameisen damit anstellen!

Meist an sonnigen, zuweilen aber auch an schattigen Orten wächst die Große Klette. Sie wird über einen Meter hoch. Der Stengel ist spinnenwebartig rauh behaart, ebenso die Unterseite der Blätter. In einer lockeren Rispe sitzen am Stengelende die kugligen roten Blüten. Sie enthalten viel Nektar. Zahlreiche Insekten umschwärmen aus diesem Grunde die Pflanzen. Blüten und Fruchtstand sind von hakigen Hüllblättern umgeben, die sich an vorbeistreifende Tiere oder Menschen „anketten".
Aus einem kräftigen unterirdischen Wurzelwerk entwickelt sich im Laufe des Sommers die Ackerkratzdistel oder Ackerdistel. Der Stengel ist glatt und hat nur im oberen Bereich feine Härchen. Das „Kratzen" rührt von den dornig bewimperten Blättern her. An den verzweigten Stengelenden wachsen in schirmartigen Rispen lilarosa Blütenköpfchen. Sobald die ersten Fruchtstände gebildet sind, sitzen Vögel auf den Spitzen der Stengel und picken die Samen heraus. Wenn du Glück hast, kannst du einen Distelfinken, auch Stieglitz genannt, beim Fressen beobachten.
Bei der **Nickenden Distel** hängt die purpurrote große Blüte am leicht gekrümmten Stengelende. Ihre schmalen Blätter sind von langstachligen Zipfeln gesäumt, die sich auch am Stengel befinden. Wegen der Stacheln meiden weidende Tiere die Pflanzen. Die Früchte der Nickenden Distel haben einen Haarkranz, der leicht vom Wind erfaßt wird und die Samen wie an Fallschirmen weit wegträgt.
In den Blattwinkeln der **Weg-Malve** sitzen auf kurzen Stengeln große hellrosa oder auch weißliche Blütenbüschel, die viele Insekten anlocken. Der Samenstand der Weg-Malve sieht wie ein runder Käse aus. Ihre Blätter ähneln denen einer Pappel. Deshalb wird die Pflanze auch Käsepappel genannt. Als Arzneipflanze nutzt man die Weg-Malve wegen ihrer schleimlösenden Wirkung. Malvenblätter sind daher oft in Hustentees enthalten. Sie haben außerdem einen hohen Vitamin-C-Gehalt und können Salaten beigemischt werden.
In Gärten fällt wegen ihrer Größe und ihrer rosenartigen Blüten die Stockrose auf, sie ist ebenfalls ein Malvengewächs.
Teppichartig breitet sich der **Sand-Thymian**, auch Quendel genannt, aus. Selbst auf sandigem Boden gelingt ihm das, weil er tiefreichende Wurzeln in die Erde senkt. Thymian liebt Sonne. In den schmalen Blättern sitzen Drüsen, denen beim Zerreiben ein aromatischer Duft entströmt. Sieben bis neun rötliche Lippenblüten ergeben ein Köpfchen. Sie enthalten viel Nektar, deshalb sind sie von zahlreichen Bienen umschwärmt.
Die Heilwirkung des Thymians ist schon im Altertum bei Griechen und Römern bekannt gewesen, und auch heute noch wird das

Kraut verwendet. So ist der Thymian ein gutes Mittel gegen Husten, aber auch bei Magenbeschwerden, Appetitlosigkeit oder Durchfall. Wegen ihrer milden Wirkung wendet man aus Thymian hergestellte Medikamente besonders bei Kindern an. Auch als Gewürzkraut wird Thymian genutzt.

Ehrenpreisarten gibt es auf fast allen Standorten: auf Wiesen und Weiden, an Ufern, in Gebüschen und an Wegrändern. Sie bleiben niedrig und blühen in blauen bis rötlichvioletten Farbtönen.

Beim **Gamander-Ehrenpreis** sind die Stengel zweireihig behaart und kaum verzweigt. Die eiförmigen Blätter sitzen gegenständig. Aus den Blattachseln wachsen kurze Stiele mit himmelblauen Blüten. Die Kronblätter fallen leicht ab, was der Pflanze den Spottnamen „Männertreu" eingebracht hat.

Aus der Blüte des **Gemeinen Natterkopfes** ragen Staubfäden und Griffel wie die gespaltene Zunge aus einem Schlangenkopf. Aber auch der dreieckig geformte Samen hat Ähnlichkeit mit dem Kopf einer Natter. Knospen und Kronblätter sind anfangs rötlich, später färben sich die Blüten blau. Den Farbumschlag bewirkt ein im Zellsaft gelöster Farbstoff. *Mache die Farbänderung wieder rückgängig! Lege eine blaue Blüte des Natterkopfes in Essigwasser!* Sie färbt sich schnell violett und schließlich wieder rot.

Die Blattrosette, der schwarzgepunktete Stengel und die lanzettlichen Stengelblätter des Natterkopfes sind borstig behaart. Das Weidevieh verschmäht ihn deshalb. Bienen und Hummeln suchen die Blüten des Natterkopfes aber gern auf, weil sie viel Nektar enthalten.

Wer die Pflanzen in der Natur während des ganzen Jahres beobachtet, dem fällt auf, daß der Natterkopf sehr lange blüht. Vom Juni bis in den November sind die aus Wickeln bestehenden blauen Blütenstände zu sehen. *Stelle fest, wie sich der Blühvorgang beim Natterkopf abspielt!* (Antwort siehe Seite 65)

Im Märchen ist die **Gemeine Wegwarte** ein Mädchen, das, in eine Blume verwandelt, am Wegrand auf seinen Geliebten wartet. Ihre zarte hellblaue Blüte gilt als Zeichen der Treue. Aus einer Grundrosette mit buchtigen Blättern wächst ein über einen Meter hoher steifer Stengel. Die Blüten bilden sich in den Achseln der lanzettlichen Stengelblätter. Sie sind

Lebensdauer von Wildblumen

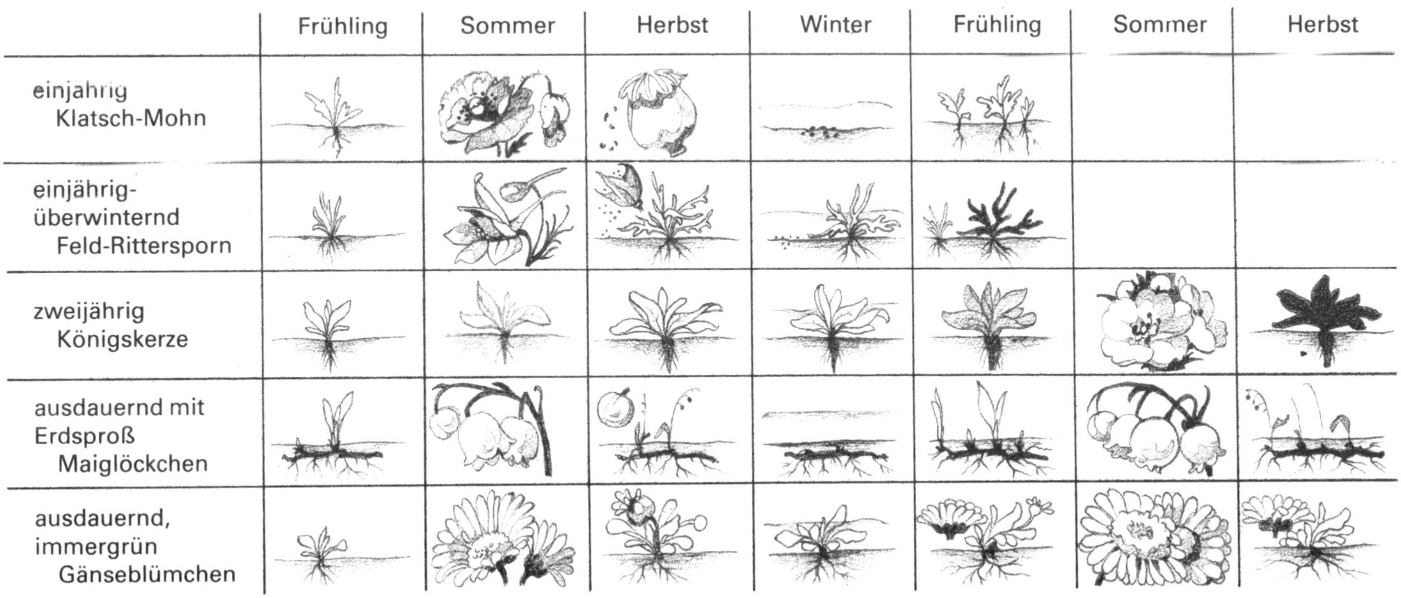

Gemeines
Hirtentäschel
Einjähriges
Rispengras
Gemeiner
Natterkopf
Nickende Distel
Gemeine
Wegwarte
Spitz-
Wegerich
Sand-Thymian
Weg-Malve
Vogel-
Knöterich
Gamander-
Ehrenpreis

nur vormittags wenige Stunden geöffnet.

Die langen und dicken Wurzeln der Wegwarte wurden früher geröstet und als Kaffee-Ersatz (Zichorie) verwendet. Man sprach der Wegwarte auch Heilkraft bei Augenleiden zu. So steht in einem alten Kräuterbüchlein, daß sie bei „Geschwür, Dunkelung und Flekken der Augen" anzuwenden sei. Nimmt man die Wurzel, allerdings von einer Kulturform der Wegwarte, und läßt sie im Keller in einer Kiste mit Sand austreiben, so entsteht eine längliche, weißlich-grüne geschlossene Blattrosette, der Chicorée.

Auch auf Trampelpfaden, festgetretenen Plätzen, zwischen Pflastersteinen und in den Fugen von Wegplatten wachsen Pflanzen. Wegerich, Vogel-Knöterich, Hirtentäschelkraut und ein Gras, das Einjährige Rispengras, sind solche „Trittpflanzen". All diese Gewächse bilden Tausende von Samenkörnern aus. Die über zehntausend feinen Samenkörner des Wegerichs quellen bei Feuchtigkeit und sind dann klebrig, so haften sie leicht und werden von Menschen und Tieren verbreitet. Auf diese Weise kam der Wegerich auch in andere Erdteile. In Nordamerika wird die Pflanze von den Indianern als „Fußstapfen des weißen Mannes" bezeichnet. Nach der Blattform und der Größe unterscheidet man den Breit-, Mittel- und **Spitz-Wegerich**. Bei den Blättern fallen drei bis vier parallel verlaufende Blattadern auf. *Zerreiße ein Blatt!* Die Adern ragen als helle Fäden heraus. *Am Spitz-Wegerich kannst du beobachten, wie der Blühvorgang bis zur Samenausbildung verläuft!* Eine kräftige Pflanze zeigt im Sommer gleichzeitig alle Entwicklungsstufen. Du findest Stiele, bei denen der weiße Blütenkranz der Staubgefäße unten gerade ansetzt, dann solche mit den Blüten in der Mitte und noch andere, wo bereits das obere Ende der Ähre blüht. In diesem Zustand sind weiter unten die Stiele mit grünen und darunter mit braunen Früchten besetzt.

Der Wegerich, vor allem der Spitz-Wegerich, war früher eine der gebräuchlichsten Heilpflanzen. Er wurde bei vielen inneren Erkrankungen, bei Kopfschmerz, aber auch bei äußeren Wunden und Tierbissen aller Art bis hin zum Schlangenbiß angewendet. Bei Zahnschmerzen kaute man auf der Wurzel. Die Blätter des Wegerichs soll man gewaschen und etwas gequetscht auf schlecht heilende Wunden legen. Auch heute noch ist der Wegerich Bestandteil von Tees gegen Husten und Heiserkeit.

Auf festgetretenen Flächen breitet sich vom Rande her teppichartig der **Vogel-Knöterich** aus. Die niederliegenden dünnen Stengel sind an den Blattansatzstellen verdickt. Nachts klappen die Blätter zusammen und nehmen eine „Schlafstellung" ein, um sich vor Kälte und Austrocknung zu schützen. Aus den Blattachseln entspringen unscheinbare weißlichrosa Blüten. Auffallender sind die Samen, scharlachrote Nüßchen, die gern von Vögeln gepickt werden. Im Herbst suchen Scharen von Sperlingen Vogel-Knöterich-Flächen auf.

Beim **Gemeinen Hirtentäschel** sitzen an einem dünnen Stielchen, das aus einer Grundrosette mit stark gelappten Blättern aufsteigt, unten die ausgereiften hirtentaschenähnlichen Früchte und gleichzeitig oben die weißen Kreuzblüten. In einer „Tasche" sind viele Samen enthalten. Bis zu fünfzigtausend Samen reifen im Laufe des Sommers an einer Pflanze. *Öffne vorsichtig eine Kapsel und zähle die Körner!* Überschlage, wieviel Samen die gesamte Pflanze ausbilden könnte!

Zwischen den Trittpflanzen ist auch immer das **Einjährige Rispengras** zu finden, ein frisches, grünes kleines Gras, das sich bereits am Grund verzweigt. Es blüht beinahe das ganze Jahr über und im Gegensatz zu anderen Gräserarten schon etwa sechs Wochen nach der Aussaat.

Beobachte einmal, wo auf Straßen und Gehwegen Pflanzen zu finden sind! Betrachte sie genau und vergleiche sie mit Pflanzen, die auf einem anderen Standort wachsen. Grabe sie aus und überprüfe das Wurzelwerk auf seine Festigkeit. Vergleiche es mit dem der Pflanzen von Feld, Wiese oder Wald! (Antwort siehe Seite 65)

IM FRÜHLINGSWALD

Der Wald ist nicht nur Holzlieferant, er beeinflußt auch die Umwelt für Menschen, Tiere und Pflanzen. Im Wald sind die Temperaturunterschiede zwischen Tag und Nacht und zwischen Sommer und Winter geringer als auf Feldern oder Wiesen. Bäume und Sträucher bremsen den Wind fast bis zur Windstille. So entsteht ein eigenes Waldklima. Heruntergefallene Blätter und Nadeln verbessern den Waldboden. Je nach der vorherrschenden Baumart bilden sich unterschiedliche Pflanzengesellschaften. Sie sind vor allem vom wechselnden Licht unter den Bäumen abhängig. Im Fichtenwald ist es am Boden für Pflanzen meistens zu dunkel. In Laubwäldern ändert sich der Lichteinfall mit den einzelnen Jahreszeiten. Ein paar sonnige Märztage genügen, um unter den noch blattlosen Laubgehölzen den Boden zu erwärmen. Dann treiben die ersten Frühlingsblüher aus. Dort, wo die Sonne ungehindert durch die Baumkronen scheint, findet man blaue Leberblümchen und das gelbe Scharbockskraut. Bald danach überziehen die Blüten von Busch-Windröschen, Gelbem Windröschen und Hohlem Lerchensporn große Flächen. Zwischen ihnen schmücken Primeln, Echtes Lungenkraut, Wald-Sauerklee und Frühlings-Platterbse den

Die giftige, hohle Knolle des **Hohlen Lerchensporns** liegt tief und gut geschützt im Boden. Bei warmem Wetter treibt sie schon im März einen Sproß mit Blättern und Blüten, die einen Sporn besitzen. Zehn bis zwanzig Blüten sitzen in einer Traube zusammen. Meist findet man blauvioletten Lerchensporn; hin und wieder blüht er aber auch weiß und rötlich. Nur Insekten mit langem Rüssel kommen an den Nektar heran. Die Samen entwickeln sich in einer Schote. Das Korn ist schwarz und trägt seitlich ein helles, ölhaltiges Anhängsel (siehe Seite 22).

Boden. In keiner anderen Jahreszeit ist der Waldboden von so zahlreichen Blumen übersät wie im Frühling.

Das schnelle Austreiben ermöglichen die unterirdischen Speicherorgane der Frühlingsblüher. Bei einigen, zum Beispiel beim Leberblümchen, erscheinen die Blüten sogar vor den Blättern. Sind die Bäume vollständig belaubt, ist die Blütezeit der meisten Wildblumen beendet. Ihre Samen reifen noch, mit ihren grünen Blättern erzeugen sie Nährstoffe für das nächste Jahr und legen neue Knospen an.

Busch-Windröschen und Scharbockskraut verwelken so schnell, daß bereits im Mai nichts mehr von ihnen zu sehen ist. Leberblümchen und Wald-Sauerklee behalten ihre Blätter bis in den Winter hinein.

Wegen des unbeständigen Wetters werden die im März und April blühenden Wildblumen nicht immer von Insekten besucht. Das Busch-Windröschen bestäubt sich selbst, und das Scharbockskraut bildet Brutknöllchen. Nektar erzeugt nur der Hohle Lerchensporn. Wenn die Frühlingssonne scheint, wird er von Bienen, Hummeln und Wespen umschwärmt. Um auch an den süßen Blütensaft zu gelangen, beißen die kurzrüßligen Hummeln sogar Löcher in den langen Sporn.

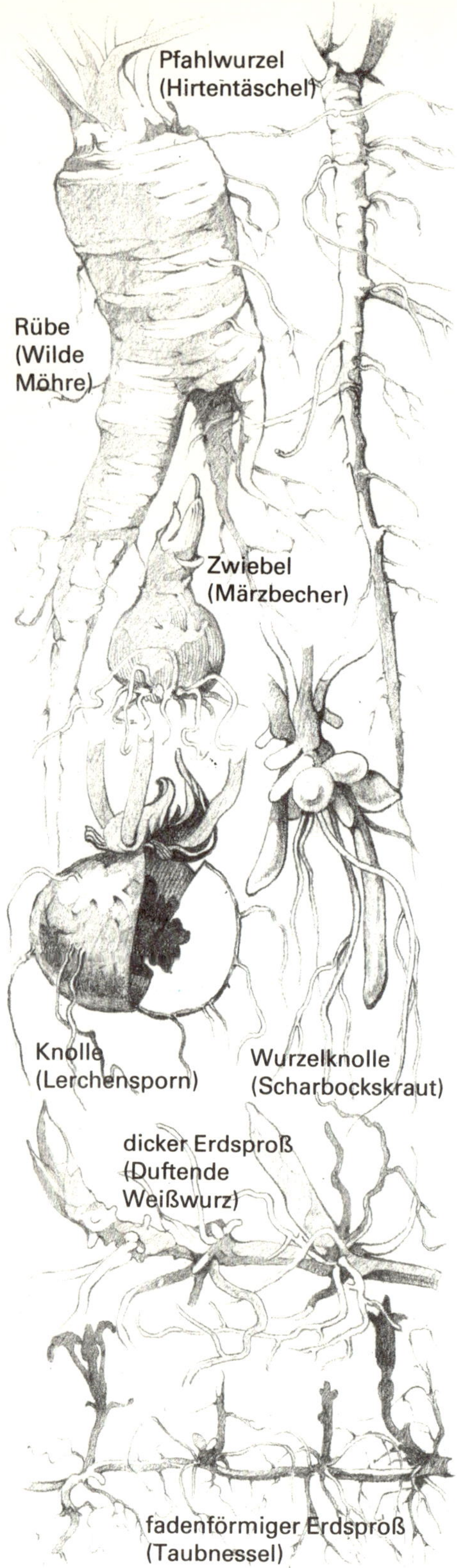

Mit einem kriechenden Erdsproß, an dem bis zum Herbst die Blütenknospen gebildet werden, überwintert das **Busch-Windröschen**. Erwärmen die Sonnenstrahlen im März bis April den Boden, so wächst ein Stengel mit drei quirlständigen Blättern und einer langgestielten Blüte hervor. Ihre sechs Hüllblätter sind innen weiß und außen zartrosa getönt. Wie mit einem weißen Teppich ausgelegt wirkt der Wald, wenn die Busch-Windröschen zu Tausenden im noch lichten Buchenwald oder im Eichenmischwald blühen. Abends und bei trübem Wetter schließen sich die Blüten und lassen „die Köpfe hängen". Im Mai sind bereits die Früchte ausgebildet, und kurz darauf stirbt der oberirdische Teil der Busch-Windröschen ab. Aus dem unterirdischen Wurzelstock treibt im nächsten Frühling eine neue Pflanze. Wie viele Hahnenfußgewächse, so ist auch das Busch-Windröschen giftig. Abgepflückte Blüten welken schnell, man sollte sie deshalb lieber stehenlassen. Zusammen mit dem weißen Busch-Windröschen wächst häufig das Gelbe Windröschen. Seltener zu finden ist das geschützte Wald-Windröschen.

In einer dicken Humusschicht gedeiht der **Wald-Sauerklee**. Aus dem kriechenden Wurzelstock bilden sich ohne Sproß dünne behaarte Stielchen mit den bekannten Kleeblättern. Die weiße purpurgeaderte Blüte sitzt ebenfalls auf einem behaarten zarten Stiel. An der Blütenform erkennt man, daß der Wald-Sauerklee mit dem Klee (Schmetterlingsblütler) nicht verwandt ist. Der Sauerklee ist eine ausgesprochene Schattenpflanze. Das kannst du daran erkennen, daß sich die Blätter zusammenfalten, wenn sie von Sonnenstrahlen getroffen werden. Die Pflanze schützt sich auf diese Weise vor zu großem Wasserverlust.

Ende August und im September findest du, wenn du die Kleeblätter zur Seite schiebst, fünfkantige, wie kleine Laternen aussehende Kapselfrüchte. *Drücke eine abgepflückte Kapsel vorsichtig zwischen Daumen und Zeigefinger zusammen!* Wenn die Frucht reif ist, platzen Längsspalten auf, aus denen glatte braune Samen herausgeschleudert werden.

Der Name Sauerklee rührt vom säuerlichen Geschmack her. Man sollte aber lieber auf das Kosten verzichten, da Kleesäure und andere Giftstoffe in der Pflanze enthalten sind, die besonders bei Kindern schwere Schäden an Herz und Nieren hervorrufen können.

Speicherorgane bei Wildblumen

An Wildblumen überrascht uns immer wieder, daß sie nach dem Winter in kurzer Zeit austreiben und große Blüten bilden. Das ist nur möglich, weil im vorhergehenden Frühjahr und Sommer Nährstoffe erzeugt und in Wurzeln oder unterirdischen Sprossen (Rhizomen) gespeichert worden sind. Verdickte Erdsprosse bezeichnet man auch als Wurzelstöcke.

Echtes
Lungenkraut
Scharbockskraut
Busch-
Windröschen
Frühlings-
Platterbse
Leberblümchen
Wald-
Sauerklee

Im Frühjahr wird der Waldboden an nährstoffreichen feuchten Stellen von den glänzendgrünen Blättern des **Scharbockskrautes** überzogen, dessen gelbe Blüten weithin leuchten. Die nierenförmigen, saftigen Blätter enthalten viel Vitamin C. Aus diesem Grunde aß man früher bei Skorbut, einer Vitamin-C-Mangelkrankheit, die Blätter des Scharbockskrautes. Heute weiß man, daß die älteren Blätter giftig und nur die zarten jungen zu Salat verwendbar sind. Im zeitigen Frühjahr entwickeln sich aus den knolligen Wurzeln des Scharbockskrautes niederliegende Stengel mit Blättern und Blüten. In den Blattachseln sitzen Brutknöllchen, und auch an den Wurzeln entstehen Knollen, durch die sich das Scharbockskraut vermehrt. Samen werden selten oder nur verkümmert ausgebildet. Nach der Blüte im Mai verwelkt die Pflanze schnell, nur die Brutknöllchen bleiben übrig. Früher aß man sie, und weil ihre Herkunft unbekannt war, wurden sie Himmelsbrot genannt.

Im März bis April erscheinen die meist blauen, seltener roten oder auch weißen Blüten des **Leberblümchens**. An feuchten Tagen und auch nachts klappen sie die Blütenblätter zusammen und senken die Köpfchen, so schützen sie sich. Erst während und nach der Blüte entwickeln sich die dreilappigen Blätter. Ob die Blattform der Pflanze den Namen gegeben hat oder ob er daher rührt, weil man früher das Kraut bei Lebererkrankungen verwendete, läßt sich heute nicht mehr feststellen.

Das Leberblümchen liebt einen feuchten Standort. Häufig wächst es in Gesellschaft mit Haselnußsträuchern. An einigen Stellen tritt die Pflanze sehr zahlreich auf, an anderen fehlt sie ganz. Leberblümchen stehen unter Naturschutz.

Die **Frühlings-Platterbse** ist unter den Schmetterlingsblütengewächsen diejenige, die am frühesten blüht. Ihre Blüte hat anfangs eine rote, später eine blaue und schließlich eine grünliche Farbe. In den Schoten sitzen abgeplattete Früchte. *Vergleiche die Samen der Frühlings-Platterbse mit Speiseerbsen!* Die Frühlings-Platterbse hat einen aufrechten Stengel. Ihre paarig gefiederten Blätter enden in einer kleinen Spitze. Bei den meisten anderen Platterbsen befinden sich an den Blattenden Ranken, mit deren Hilfe sich die Pflanzen an anderen hochziehen. Ihre Stengel können nicht allein aufrecht stehen. So breitet sich beispielsweise die Wald-Platterbse mit ihren Wickelranken über andere Kräuter hinweg aus.

Beim **Echten Lungenkraut** kannst du, wie beim Natterkopf, den schnellen Wechsel der Blütenfarbe beobachten. Hier sitzen an einem Stiel rötliche, blaue und violette Blüten. Die Blätter des Lungenkrautes sind borstig behaart und oft weiß gefleckt. Früher sammelte man die Pflanzen, um damit Lungenleiden zu behandeln. Heute noch sind die getrockneten Blätter des Krautes in Hustenteemischungen enthalten.

Wann öffnen und schließen sich Wildblumenblüten?

	öffnen	schließen
Gemeine Kuhblume	morgens	vormittags
Gemeine Nachtkerze	abends	vormittags
Gemeine Wegwarte	morgens	vormittags
Kleines Habichtskraut	morgens	nachmittags
Leberblümchen	vormittags	nachmittags
Sauerklee	morgens	abends
Scharfer Hahnenfuß	morgens	nachmittags
Weiße Seerose	morgens	abends

Wie lange dauert es, bis eine Wildblumenblüte verblüht ist?

	Blühdauer in Tagen
Ackerwinde	ein
Acker-Senf	zwei
Kuckucks-Lichtnelke	vier
Leberblümchen	acht
Roter Fingerhut	sechs
Wiesen-Storchschnabel	zwei

Beobachte die Blüten der Wildblumen und erweitere die Tabellen mit deinen Kenntnissen!

Küchenkräuter

Eine ganze Reihe von Wildblumen eignen sich als Küchenkräuter. Du kannst sie sammeln und verarbeiten. Dabei solltest du beachten, daß die Kräuter zur richtigen Zeit geerntet werden, möglichst mittags bei trockenem Wetter. Es dürfen nicht alle Pflanzen an einer Stelle und auch nicht alle Blätter eines Gewächses gepflückt werden. Sonst besteht die Gefahr, daß die Art an diesem Ort ausgerottet wird. Du willst ja auch in den folgenden Jahren die Kräuter wiederfinden. Am Straßenrand, wo schädliche Stoffe von Abgasen oder Schneetausalze hingelangen, sollte man lieber keine Kräuter sammeln. An einem luftigen, schattigen Platz werden die Pflanzen getrocknet. Aufbewahrt in einem lichtundurchlässigen, gut verschließbaren Behälter, halten sich die Kräuter bis zum nächsten Jahr. Wildblumen, wie Pfeffer-Minze, Waldmeister, Weiße Taubnessel, Schafgarbe, Kuhblume, Vogelmiere und Wegericharten, wachsen auch im Garten. Im Blumentopf und auf dem Balkon kannst du verschiedene Küchenkräuter, wie Kümmel, Salbei und Thymian, aussäen und bei Bedarf immer frisch verwenden.

Wildblumen, die sich getrocknet zum Würzen eignen:

Pflanze	Pflanzenteile	verwendbar für
Gundermann	Blätter und Triebspitzen vor der Blüte	Fleisch, Suppe, Quark
Kerbel	blühendes Kraut	Fleisch, Salat, Butter, Quark
Kümmel	wenn die Früchte braun werden, Dolde abschneiden und zum Trocknen aufhängen	Hammelfleisch, frische Kartoffeln
Pfeffer-Minze	Blätter vor der Blüte	Fleisch, Linsensuppe
Salbei	Blätter vor der Blüte	Wild, Geflügel, Kaninchen
Schafgarbe	Blätter	in kleinen Mengen für Suppen, Butter
Thymian	Blätter während der Blüte	Fleisch, Wurst, Fisch

Frische Wildblumen für Salate:

Pflanze	Pflanzenteile	verwendbar für
Gänseblümchen	im Frühling zarte, junge Blätter	Salat
Hirtentäschel	junge Blätter	gemischt mit anderen Kräutern zu Salat
Huflattich	Blätter	gemischt mit anderen Kräutern zu Salat
Kuhblume	März und April Blätter. Wurzel im Herbst ausgraben, im Keller in Sand legen, die austreibenden gelben, zarten Blätter sind sehr schmackhaft	Salat
Scharbockskraut	Blätter vor der Blüte; ältere Blätter sind giftig!	Salat
Wegerich	Blätter vor der Blüte	Salat
Weg-Malve	Blätter im Frühjahr	Zusatz zu Salat, Blätter enthalten Vitamin C
Wegwarte	Blätter vor der Blüte; Wurzel im Herbst ausgraben, im Keller in Sand legen, die austreibenden gelben, zarten Blätter sind sehr schmackhaft	Salat
Weidenröschen	Blätter	Salat
Wiesen-Knöterich	Blätter im Frühjahr	Salat

Wildblumen gekocht als Gemüse und zur Kräutersuppe:

Pflanze	Pflanzenteile	verwendbar für
Gänseblümchen	Blattrosette im Frühjahr	Suppe
Hederich	Blätter vor der Blüte	Gemüse, Suppe
Hirtentäschel	Blätter vor der Blüte	Suppe
Huflattich	Blätter von April bis Juni	Suppe
Nachtkerze	Wurzel	Gemüse
Vogelmiere	Blätter	spinatartiges Gemüse
Wegerich	Blätter	Suppe
Wegwarte	Blätter	Gemüse, Suppe
Weiße Taubnessel	Blüten und Blätter	für süße Soße, Suppe

herab. Dazu wird der Boden durch den Laubfall mit Humus angereichert. Glockenblumen, Storchschnabel, Hain-Wachtelweizen und Schierling findet man häufig.

Dem Maiglöckchen ähnlich, nur etwas größer, ist die Blüte der **Duftenden Weißwurz**, auch Salomonssiegel genannt. Die duftenden Glöckchen hängen einzeln oder zu zweit an einem langen kantigen Stengel. In der Erde liegt ein verdickter Erdsproß. Dieser fleischige „Wurzelstock" soll die geheimnisvolle Springwurzel sein, die im Märchen Türen und Schlösser öffnet. Jedes Jahr wächst der Erdsproß ein Stück weiter. An seinem Ende entwickelt sich der Stengel mit Blättern und Blüten. An der Stelle des vorjährigen Sprosses bleibt eine rundliche Narbe zurück, die an einen Siegelaufdruck erinnert. Dem Salomonssiegel sehr ähnlich ist die Vielblütige Weißwurz. Sie trägt an einem runden Stengel zwei bis fünf Glöckchen. Beide Arten sind sehr giftig.

Der **Waldmeister** kann sich mit seinen unterirdischen Ausläufern schnell auf großen Flächen ausbreiten. Um den kantigen Stengel stehen quirlständig sechs bis neun schmale hellgrüne Blätter, die am Rande etwas rauh sind und an den Enden stachelspitzig auslaufen. Den Abschluß des Stengels bilden kleine weiße, wohlriechende Blüten. Sie überziehen den Boden wie mit einem weißen Schleier. Der ganzen Pflanze entströmt besonders im welken Zustand ein angenehmer Duft nach Heu. Früher nahm man das Kraut bei allerlei Beschwerden und zum Aromatisieren von Gelees, Likören und auch Weinen. Heute noch wird die sogenannte „Maibowle" getrunken. Sie besteht aus Weißwein, in den kurze Zeit frische oder getrocknete Waldmeistersträußchen gelegt werden. Allerdings ist vom Genuß größerer Mengen Waldmeister abzuraten. Es können Schwindelgefühl und Kopfschmerz auftreten.

Einen feuchten und stickstoffreichen Boden bevorzugt der **Gefleckte Schierling**. Er kommt von der Tiefebene bis zum Hügelland vor allem in der Nähe menschlicher Siedlungen vor. In höheren Bergregionen tritt er nicht auf, da er Wärme braucht. Der hohle, runde Stengel des Gefleckten Schierlings ist im unteren Bereich rötlichbraun gemustert. Seine Blätter sind dreifach gefiedert. Die Pflanze verbreitet einen unangenehmen Geruch. Der Gefleckte Schierling ist eine der giftigsten Pflanzen Mitteleuropas. Im Altertum mußten zum Tode Verurteilte einen Becher Schierlingssaft trinken. An Teichen und Seen wächst der ebenso giftige Wasserschierling.

Eine Pflanze ganz besonderer Art ist der **Hain-Wachtelweizen**. Er bildet keine Wurzelhaare, sondern siedelt sich mit Saugwurzeln auf benachbarten meist holzigen Pflanzen an und entzieht diesen Nährstoffe. Solche Pflanzen nennt man Halbschmarotzer. Die Blüte des Hain-Wachtelweizens ist goldgelb mit einer rotbraunen Röhre, blauviolette Deckblätter stehen darüber. In Notzeiten wurde früher aus den weizenähnlichen Samenkörnern Mehl gewonnen. Hain-Wachtelweizen braucht Licht und ist deshalb am Waldrand zu finden.

Wenn im Märchen von einer Blume „Rühr mich nicht an" erzählt wird, so ist das Springkraut gemeint. Das Echte Springkraut wächst an schattigen Plätzen. Seine große zitronengelbe Blüte ist innen rot gepunktet, der Sporn gekrümmt. Die Pflanze bevorzugt feuchte, ja sogar nasse Standorte. Sie ist vom **Kleinblütigen Springkraut**, das trockeneren Boden verträgt, beinahe völlig verdrängt worden. Es stammt aus Asien und gelangte vor etwa einhundert Jahren aus botanischen Gärten in unsere Wälder. Die kleine Blüte sieht blaßgelb aus, und ihr Sporn ist gerade gewachsen. *Berühre reife Springkrautfrüchte und schätze, wie weit der Samen geschleudert wird!* (Siehe Tabelle Seite 65)

Das **Schöllkraut** enthält einen rötlichen Saft. Bei Pflanzen kommt das selten vor, daher wurde diesem Kraut in früheren Zeiten Zauberwirkung zugesprochen. Auch die auffallend gelbe Wurzel sollte Wundermittel enthalten. Die Alchemisten des Mittelalters glaubten, aus der Wurzel Gold gewinnen zu können. Deshalb

Duftende Weißwurz
Wald-Ziest
Gefleckter
Schierling
Kleinblütiges
Springkraut
Schöllkraut
März-Veilchen
Waldmeister
Hain-
Wachtelweizen

nennt man die Pflanze in manchen Gegenden Goldwurz oder Goldkraut. Aber auch Geschwulstkraut und Wundkraut sind Namen für das Schöllkraut. Diese Bezeichnungen deuten an, daß man früher sehr wohl die Heilkraft der Pflanze kannte. So wurden zum Beispiel Warzen mit dem scharfen Saft beträufelt, um sie abzuätzen. Bei Hauterkrankungen verordnet der Arzt heute noch Schöllkrautauszüge. Die orangegelben Blüten des Schöllkrautes fallen sehr schnell ab. In der Schote sitzen kugelige Samen mit einem flachen Anhängsel. Schöllkraut ist giftig.

Weit verbreitet ist das **März-Veilchen**. Es wächst in Parkanlagen, Gärten, Gebüschen und an Waldrändern. Seine Heimat ist das Mittelmeergebiet. Das März-Veilchen hat eine angenehm duftende dunkelblaue bis violette Blüte. Veilchenöl wird als Duftstoff für Parfüms und Seifen verwendet. Vorwiegend im Laubwald findet man das Wald-Veilchen. Aus den Achseln von herzförmigen Blättern entwickeln sich die Blüten. Sie sind dunkelviolett, duften aber kaum. Zwei der Kronblätter stehen nach oben, drei sind nach unten gebogen.

Zur Familie der Veilchengewächse gehören auch die Stiefmütterchen. Sie unterscheiden sich von den Veilchen durch ihre schmaleren Blätter und durch die Blüte, bei der vier Kronblätter nach oben und eins nach unten zeigen.

In feuchten Laub- und Mischwäldern wächst der **Wald-Ziest**. Die Form der Blätter und die Behaarung ähneln der einer Brennessel, aber die Haare des Ziest sind weich und brennen nicht. Der Stengel wird bis zu einem Meter hoch. Im oberen Bereich, wo die Blüte sitzt, verzweigt er sich. Erst wenn die purpurnen Lippenblüten erscheinen, die meist zu sechst in den Achseln von Deckblättern wachsen, kann man den Wald-Ziest von der Brennessel gut unterscheiden. Die Pflanze verbreitet sich durch unterirdische Ausläufer. Dem Wald-Ziest sehr ähnlich ist der Sumpf-Ziest. Er wächst an Ufern und Gräben. Seine Wurzel ist knollenartig verdickt. Deshalb wird der Sumpf-Ziest auch Schweinerübe genannt.

Lippenblütengewächse

Alle Vertreter der Familie sind reich an duftenden Ölen. Die Früchte zerfallen bei der Reife in vier einsamige Teile.

Bau einer Lippenblüte
(Taubnessel)

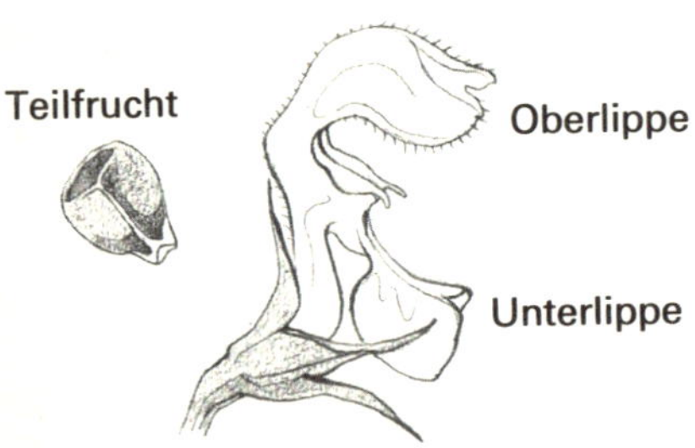

Hahnenfußgewächse

Die Blütenformen der Hahnenfußgewächse sind sehr unterschiedlich; ihre Laubblätter sind meist handförmig geteilt. Viele Hahnenfußarten enthalten Giftstoffe. Meist bilden mehrere Balgfrüchte oder Nüßchen eine Sammelfrucht.

Blüten von Hahnenfußgewächsen

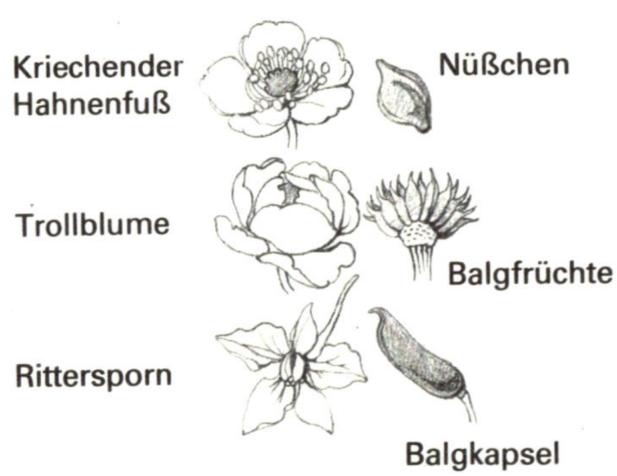

Schmetterlingsblütengewächse

Bei den Schmetterlingsblütengewächsen deutet der Name auf die besonders geformte Blüte hin. Die Samen sitzen meist in einer Hülse.

Bau einer Schmetterlingsblüte
(Frühlings-Platterbse)

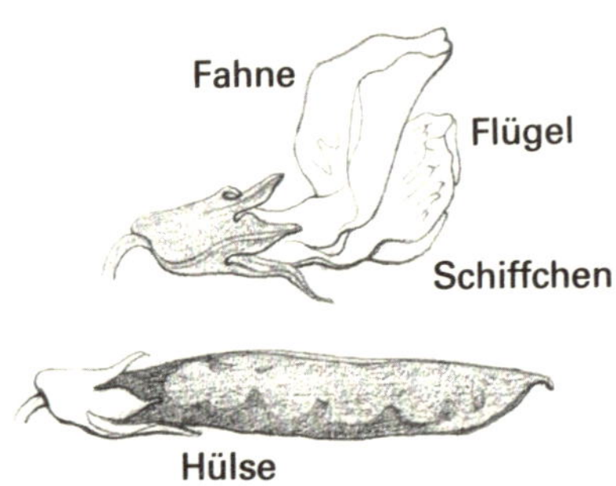

AUF KAHLSCHLÄGEN UND WALDLICHTUNGEN

Erfolgt im Wald ein Kahlschlag, vernichten Sturm oder Feuer Bäume und Sträucher, so verändern sich plötzlich die Umweltbedingungen. Dort, wo bisher ein ausgeglichenes Waldklima herrschte, wirken nun Wärme und Kälte, Wind und Regen ungehindert auf den Boden ein. Die meisten Wildblumen werden vernichtet. Nur weniger empfindliche Gräser und Kräuter wachsen weiter. Bald siedeln sich aber neue Wildblumen an. Der Förster nennt sie „Schlagpflanzen". Sie erscheinen bereits im ersten Sommer nach einem Kahlschlag, weil ihre Samen, die mit Hilfe von Flughaaren weit verbreitet werden, sehr lange Zeit keimfähig im Boden bleiben. Schlagpflanzen bilden schnell eine neue Pflanzendecke und verhindern, daß der Boden austrocknet und durch Wind und Regenwasser abgetragen wird.

Wandere einmal am Rande einer Kahlschlag- oder Aufforstungsfläche entlang und beobachte, welche Pflanzen dort wachsen!

Eine auffallende Schlagpflanze der Fichtenwälder ist der Fingerhut. In Laubmischwäldern halten sich nach einem Kahlschlag zunächst noch niedrige Wildblumen, wie Ehrenpreis, Wald-Erdbeere und Glockenblume. Hinzu kommen höher werdende Pflanzen: Tüpfel-Hartheu und Weidenröschen. Vom Wegrand aus erobern sich Schafgarbe und Zypressen-Wolfsmilch die freien Plätze.

In Kiefernwäldern breiten sich nach dem Kahlschlag gleichzeitig mit der Neuanpflanzung Weidenröschen aus. Zwischen ihnen wachsen Stiefmütterchen, Sand-Strohblumen und Habichtskräuter. Allmählich werden sie vom Land-Reitgras verdrängt, das sich in immer dichter werdenden Beständen ausbreitet. Dieses Gras ist sehr anpassungsfähig und gedeiht auf allen Böden. Es überwächst junge Gehölze und erschwert die Walderneuerung. Oft wird es auch als Landrohr oder Sandrohr bezeichnet, weil seine Halme dem im Wasser wachsenden Schilf ähnlich sehen.

Auf einer durch Brand oder Sturm verursachten Waldlichtung entwickeln sich die gleichen Pflanzen wie auf Kahlschlagflächen. Zuerst erscheinen die Schlagpflanzen, voran das Weidenröschen; dann überziehen Gräser den Boden. Doch schon nach wenigen Jahren wachsen hier Sträucher, wie Himbeeren und Brombeeren, bis sich schließlich junge Bäume aus Samen der umgebenden Gehölze entwikkeln.

Schmalblättriges Weidenröschen

Kahlschläge sind im Sommer häufig mit den purpurfarbenen Blüten des **Schmalblättrigen Weidenröschens** überzogen. Sogar die Stengel röten sich bei starker Sonneneinstrahlung. Deshalb heißt es auch Feuerkraut.
Der Name Weidenröschen rührt von den schmalen, weidenblattähnlichen Blättern her. Die nektarreichen Blüten werden von Bienen gern besucht. An den Samenkörnern sitzen weiße wollige Haare. Weidenröschen sind ein begehrtes Futter für Wildtiere. Die süße Wurzel wird in manchen Ländern als Gemüse gegessen und auch durch Gärung zu einem alkoholischen Getränk verarbeitet. Der Wurzelstock kriecht im Boden und verzweigt sich. Aus ihm kommen im Frühjahr die neuen Sprosse.

Eine sicherlich vielen bekannte Wildblume mit weißen Blüten ist die **Wald-Erdbeere**. Ihre Früchte, die kleinen roten, wohlschmekkenden Erdbeeren, werden gern von Waldtieren gefressen und auch von uns Menschen gesammelt. Die Pflanze vermehrt sich vor allem durch oderirdische Kriechsprosse, an deren Enden sich neue Pflänzchen bilden. So können Waldlichtungen und lockere Waldbestände dicht von Erdbeeren bedeckt sein. Hausteemischungen enthalten Wald-Erdbeerblätter. Die Garten-Erdbeere mit ihrer größeren Frucht ist aus fremdländischen Arten gezüchtet worden. Ihr fehlt allerdings das Aroma der Wald-Erdbeere.

Im Hochsommer blüht das **Tüpfel-Hartheu.** Von der Küste bis zum Bergland sind dann an Wegen und Waldrändern die oft dicht beieinanderstehenden goldgelben Trugdolden zu sehen. Wird das Kraut mit anderen Wildblumen und Gräsern gemäht, so machen seine ästigen Stengel das Heu hart. In den gegenständigen Blättern befinden sich kleine Speicherzellen, die als durchscheinende „Tüpfel" (Name!) besonders gut zu sehen sind, wenn man ein Blatt gegen das Licht hält. Ein anderer Name, „Johanniskraut", deutet auf die Blütezeit um „Johanni", dem 24. Juni (Sommersonnenwende), hin. Nach einem alten Aberglauben schützte das Kraut vor Teufeln und Hexen, wenn man es um diese Zeit pflückte. Die Pflanze enthält einen roten Farbstoff. *Zerreibe einmal eine gelbe Knospe mit den Fingern:* Die Reibeflächen werden blutrot, deshalb heißt die Pflanze auch Blutkraut. Es wird berichtet, daß die Kühe beim Fressen großer Mengen Johanniskraut rötlich gefärbte Milch abgaben; man glaubte daher, die Tiere seien verhext. Bekannt ist das Hartheu als altes Haus- und Heilmittel. In Öl eingelegt, wurde es zum Massieren bei Rückenschmerzen benutzt, getrocknet als Mittel zur Wundheilung verwendet und schließlich, als Tee gebrüht, bei Leber- und Nierenleiden getrunken.

Gerade und hoch wie eine Kerze wächst die **Großblütige Königskerze**. In manchen Gegenden wird sie auch wegen der dichten Behaarung als Wollkraut bezeichnet. Die Blütezeit der Königskerze erstreckt sich über den ganzen Sommer. Unregelmäßig gehen mal hier und mal da die Blüten auf, so daß der Eindruck einer ständig blühenden Kerze entsteht. Die einzelne Blüte erreicht einen Durchmesser von vier Zentimetern. Das unterscheidet sie von der Kleinblütigen Königskerze, deren Blüten höchstens zwei Zentimeter groß werden. Im ersten Jahr bildet die Pflanze nur eine Blattrosette. Aus dieser schiebt sich im zweiten Jahr der Blütenstengel bis zu einer Höhe von drei Metern. Der Samen sitzt in Kapseln. Wenn der Wind im Herbst und Winter an den steifen Stengeln rüttelt, fallen die Körner heraus und werden verstreut. Die heilende Wirkung der Großblütigen Königskerze bei Heiserkeit und Husten ist schon von alters her bekannt.

Auf Waldlichtungen, in Gebüschen und an Wegrändern wächst der **Gundermann**. Er verbreitet sich durch Ausläufer. Seine Stengel sind vierkantig, fein behaart und durch Knoten gegliedert, die sich bewurzeln, wenn sie die Erde berühren. Herz- bis nierenförmig sind die Blätter, sie sitzen gegenständig. Erst die Stengelenden richten sich in die Höhe. Hier wachsen dann in den Blattachseln zwei bis drei der blauvioletten duftenden Blüten. Die jungen Blätter des Gundermann schmecken würzig und werden deshalb Fleischspeisen und Kräutersuppen beigemengt. *Zerreibe ein Blatt zwischen den Fingern!* Es riecht angenehm nach Zitrone. Früher wurde die Wildblume auch als Heilpflanze verwendet. Sie galt als gutes Mittel gegen eiternde Wunden. Lungenkranken gab man einen aus dem Kraut gepreßten Saft zu trinken.

Beim Gundermann kannst du sehr gut beobachten, wie sich das Licht auf das Wachstum auswirkt. In praller Sonne hat der Gundermann nur sehr kurze Stengel. Blüten und Blätter bleiben klein, manchmal sind sie sogar rötlich getönt.

Im leichten Schatten ragen viele kräftige Stengel mit saftiggrünen Blättern und zahlreichen Blüten empor. Wächst er dagegen im tiefen Schatten, so werden die Stengel sehr lang, sie stehen nur vereinzelt, die Blätter haben eine hellgrüne Farbe, und Blüten treten nur spärlich auf.

Suche Gundermannpflanzen und überprüfe, ob diese Angaben mit deinen Beobachtungen übereinstimmen!

An Gebüschen und am Waldsaum wächst die **Nesselblättrige Glockenblume**. Bis zu einem Meter hoch kann sie werden. Der steife Stengel, die Blätter und sogar die Blüten sind mit borstigen Haaren besetzt, die aber nicht brennen. Der Name rührt von der brennnesselähnlichen Blattform her. Wegen ihrer schönen Blüten sind Glockenblumen als Zierpflanzen in die Gärten geholt und gezüchtet worden. Die vom Waldrand stammenden hohen Arten wachsen im Halbschatten, die niedrigen von der Wiese brauchen einen sonnigen Standort. Polsterstauden aus dem Bergland werden gern in Steingärten gepflanzt. Eine bekannte Gartensommerblume ist die weiße, blaue oder rosafarbene Marien-Glockenblume. Bei vielen Glockenblumenarten kann man beobachten, wie sie nachts oder auch bei Regen ihre Blüten nach unten richten, damit der Pollen trocken bleibt. Scheint die Sonne, richten sich die Glocken in die Höhe, und die Insekten gelangen leichter in sie hinein. Viele von ihnen suchen aber keinen Nektar, sondern ein Nachtquartier oder einen Unterschlupf bei Regen.

Heilpflanzen

Willst du Heilkräuter sammeln, mußt du den Zeitpunkt kennen und auch wissen, welche Pflanzenteile verwendet werden. Du solltest sie wie Küchenkräuter in den Mittagsstunden bei trockenem Wetter ernten und dann langsam trocknen. Anschließend zerkleinerst du die Teile fein und füllst sie in gut verschließbare Gefäße. Da getrocknete Pflanzen sich schwer voneinander unterscheiden lassen, mußt du die Behälter mit Namensschildern kennzeichnen.

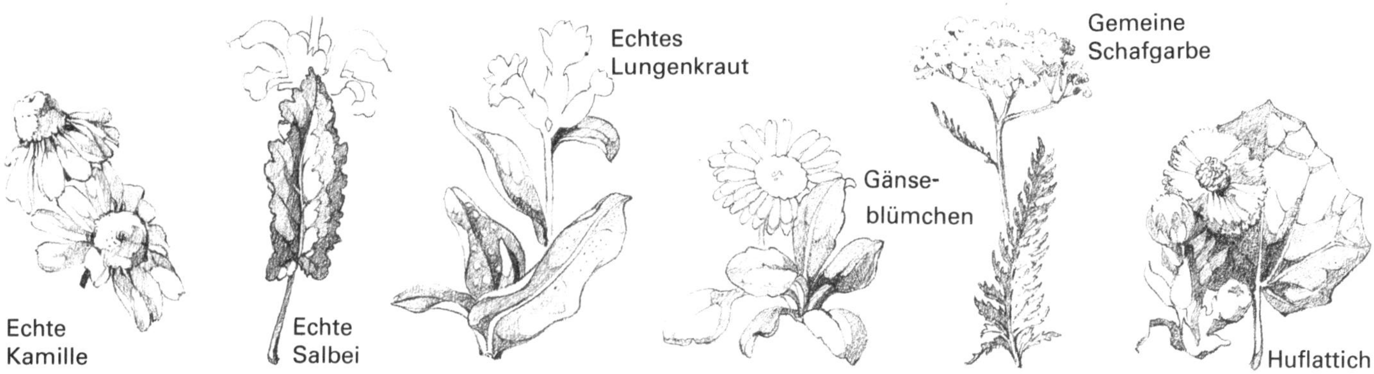

Heilkräuter, aus denen Tee bereitet werden kann:

Pflanze	Sammelzeit	Pflanzenteile	Anwendung
Echte Kamille	Mai bis August	Blütenköpfchen	Magen- und Darmbeschwerden, schweißtreibendes Mittel; Badezusatz
Echte Salbei	Mai/Juni oder August/September	Blätter vor oder nach der Blüte	Nervosität, krampflösendes Mittel; Badezusatz
Echtes Lungenkraut	Mai bis Juli	Blätter	Husten, Heiserkeit
Gänseblümchen	März bis Oktober	Blätter	Husten
Gemeine Kuhblume	April/Mai April bis August September/November	gesamte Pflanze Blätter Wurzel	Appetitlosigkeit, Magenbeschwerden, harntreibendes Mittel
Gemeine Schafgarbe	Juli bis September	blühendes Kraut	Verdauungsstörungen, Appetitlosigkeit
Großblütige Königskerze	Juli bis September	Blüten	Husten
Huflattich	Februar/März Mai bis August	Blütenköpfe Blätter	Husten, Heiserkeit, Magen- und Darmbeschwerden
Pfeffer-Minze	Juni/Juli	Blätter	Magen- und Darmbeschwerden; Badezusatz
Sand-Thymian	Mai bis September	blühendes Kraut	Husten, Appetitlosigkeit, Durchfall; Badezusatz
Spitz-Wegerich	Juni bis September	Blätter	Husten, Heiserkeit
Wald-Erdbeere	März bis Mai	Blätter	in Hausteemischungen enthalten
Weg-Malve	Mai/Juni Juli/August	Blätter Blüten	Husten
Wildes Stiefmütterchen	Juni bis September	Kraut	Husten

Uferränder von Teichen und Seen sowie von Bächen und Flüssen sind die Lebensbereiche der Uferpflanzen. Mit ihren Wurzeln stehen sie zeitweise oder immer im Wasser; Stengel, Blätter und Blüten aber ähneln denen der Wildblumen auf dem Lande. Abhängig davon, ob die Gewässer reich oder arm an Nährstoffen sind, gedeihen hier unterschiedliche Pflanzengesellschaften.
Seen in einer Senke haben meist keinen Zufluß. Der Boden ist ausgelaugt und das Wasser arm an Nährstoffen. Am Ufer keimen und wachsen anspruchslose Torfmoose. Ihre Polster bilden allmählich einen geschlossenen Saum, der sich langsam ins Wasser vorschiebt. Dazwischen sprießen einige Sauergräser. Wenn die Moospolster zu schwer werden, sinken sie unter Wasser. Darüber entwickeln sich neue Torfmoosschichten. So entsteht nach und nach ein Verlandungshochmoor. Wollgras zeigt dort im Mai und Juni die weißen Büschel seiner Wollhaare. Moosbeerpflanzen überziehen mit langen dünnen Stengeln die Flächen, auch Sumpf-Veilchen und „fleischfressender" Sonnentau gedeihen hier. Weiter landeinwärts wachsen Wald-Kiefern und Moor-Birken. Dazwischen bilden Binsen und Sauergräser kleine feste Grasbuckel, zwischen denen

Wasser-Schwertlilie

Durch das Röhricht hindurch blitzen im Frühsommer die gelben Blüten der **Wasser-Schwertlilie.** Wie andere Schwertlilien hat sie schmale schwertähnliche Blätter und einen knollenartig verdickten Wurzelstock. Steht sie tiefer als vierzig Zentimeter im Wasser, so bildet sie zwar noch viele Blätter, aber nur wenige Blüten aus. Von ihren sechs Kronblättern biegen sich drei nach außen, und drei stehen aufrecht. In einer braunen Kapsel sitzen in drei Fächern die schwimmfähigen Samen. Alle Pflanzenteile sind mit einer Wachsschicht überzogen, von der das Wasser schnell abrinnt.

nach Regenfällen das Wasser steht. Wildblumen finden wir nur selten. Auch die Bäume bleiben niedrig, sterben meistens bald wieder ab, aber neue entwickeln sich. So entsteht allmählich auf fester werdendem Untergrund ein Kiefern- oder Birkenwald mit Erlen am Rande.
Bei Seen mit einem Durchfluß erneuert sich das Wasser ständig, es ist meist reich an Nährstoffen. Am feuchten und fruchtbaren Ufersaum gedeihen zahlreiche Gräser und Kräuter sehr üppig. Die Pflanzen müssen sich allerdings den Schwankungen des Wasserspiegels anpassen. Nur wenn sie monatelanges Überfluten und im Winter eine Eisdecke vertragen, können sie überdauern. Sobald im Frühjahr das Wasser fällt und die Temperaturen ansteigen, sprießen Gräser und Simsen; Sumpf-Dotterblume und Hahnenfuß beginnen zu blühen. Bald folgen Sumpf-Vergißmeinnicht, Wasser-Schwertlilie, Wasser-Minze, Pestwurz, Bach-Ehrenpreis und Bach-Nelkenwurz. Durch absterbende Pflanzenteile wächst der Uferboden allmählich hoch. Ein nährstoffreiches Flachmoor entsteht. Bald bilden einzelne Erlen oder Gebüsche aus Weiden und Faulbäumen einen lichten Bruchwald. Meistens werden aber Bäume und Sträucher gerodet und die Flächen

in ertragreiche Wiesen umgewandelt.

An warmen Apriltagen zeigen sich auf Sumpfwiesen und an Bächen die ersten eidottergelben seidig glänzenden Blüten der **Sumpf-Dotterblume**. Sie haben eine Vielzahl von Staubblättern. Beim Berühren färben sich die Finger gelb. Die Samen liegen in Balgfrüchten. Da die Pflanze schwach giftig ist, meiden Tiere sie. Früher wurden die grünen kugeligen Blütenknospen geerntet und, in Essig gelegt, als Kapernersatz verwendet. Die echte Kaper stammt aus dem Mittelmeergebiet.

Der **Gemeine Gilbweiderich** hat einen behaarten Stengel mit weidenartigen rot getupften Blättern. Am Stengelende befindet sich eine Rispe, deren Blüten goldgelb gefärbt sind. Der Gemeine Gilbweiderich gedeiht in sumpfigen Uferzonen, aber auch an feuchten Waldrändern.

Der Pfennig-Gilbweiderich wächst kriechend am Ufersaum. Seine Blätter sind klein und rund wie ein Pfennig. Die Blüten stehen einzeln.

An Bachufern und auf feuchten Wiesen gedeiht die **Bach-Nelkenwurz**. Die zierliche Pflanze wächst aus einer kräftigen Wurzel, der ein nelkenähnlicher Duft entströmt, hervor. Dieser Geruchsstoff wurde früher als Aromazusatz für Liköre und zu Glühwein verwendet. Aus rotbraunen Kelchblättern schauen rötliche Kronblätter heraus. Erst wenn man das nickende Blütchen anhebt, sind die gelben Innenseiten der Kronblätter zu sehen. Der Fruchtstand ist kugelig. Jedes Samenkorn hat einen gefiederten Anhang, an dessen äußerem Ende sich ein Häkchen befindet. Streichen Tiere an der Frucht vorbei, bleibt das Samenkorn haften.

Zerreibe ein Blatt der **Wasser-Minze** *zwischen den Fingern!* Der angenehme Duft rührt vom ätherischen Pfefferminzöl her, das gegen vielerlei Krankheiten hilft. Allerdings wird als Heilpflanze die Pfeffer-Minze angebaut, da bei ihr der Gehalt an diesem Öl und an Gerbstoffen wesentlich höher liegt. Die Wasser-Minze hat eiförmige gesägte Blätter. Sie stehen gekreuzt gegenständig. Am Stengelende sitzt ein rötlichlila Blütenköpfchen, darunter können noch zwei bis drei weitere in den Blattachseln wachsen. Bei der Pfeffer-Minze ist der Blütenstand länglicher geformt, und alle Blätter sind deutlich gestielt. Die Minzen gehören wie Rosmarin, Lavendel, Thymian und Melisse zu den Lippenblütengewächsen. All diese Pflanzen enthalten ätherische Öle.

Die blutroten Blüten des ährenförmigen Blütenstandes und die weidenähnlichen Blätter gaben dem **Gemeinen Blutweiderich** seinen Namen. Am kantigen, behaarten Stengel sitzen die Blätter gegenständig. Auf nassen Flächen erreicht der Gemeine Blutweiderich über einen Meter Höhe. Die Kapselfrucht enthält winzige klebrige Samen. Sie bleiben an Füßen und Gefieder von Wasservögeln haften und werden auf diese Weise verbreitet. So ist die Pflanze heute beinahe überall auf der Erde zu finden. Früher nahm man den roten Farbstoff der Blüten zum Färben von Zuckerwerk.

Dagegen ist das **Sumpf-Vergißmeinnicht** eine unscheinbare kleine Pflanze. Schaut man genauer hin, so entdeckt man auf dem kantigen Stengel eine zierliche Blüte. Sie ist anfangs rosa und wird dann hellblau mit einem gelben Punkt in der Mitte. Die Veränderung wird durch einen besonderen Farbstoff hervorgerufen. *Pflücke eine Pflanze mit frisch aufgebrochenen Knospen und stelle sie sofort ins Wasser!* Beobachte, wie die Farbumwandlung vor sich geht! Wirft man eine schon hellblaue Blüte auf einen Ameisenhaufen, so verfärbt sie sich unter dem Einfluß der Ameisensäure wieder rosa. Lies beim Natterkopf (Seite 23) nach! Auf trockenem Standort wächst eine Reihe anderer Vergißmeinnichtarten.

Grasähnliche Pflanzen sind die Binsen. Sie besitzen einen weichen markigen Stengel ohne Knoten. Im nassen Uferbereich bilden die Binsen dicke Bülten (ähnlich den Grasbüscheln). Etwa 25 Binsenarten kommen vor, die häufig schwer voneinander zu unterscheiden sind. Gut erkennbar ist die **Flatter-Binse** mit ihren gedrehten Stengelspitzen.

Gemeiner
Blutweiderich
Bach-Nelkenwurz
Sumpf-
Vergißmeinnicht
Flatter-Binse
Sumpf-Dotterblume
Gemeiner
Gilbweiderich
Wasser-Minze

IM WASSER

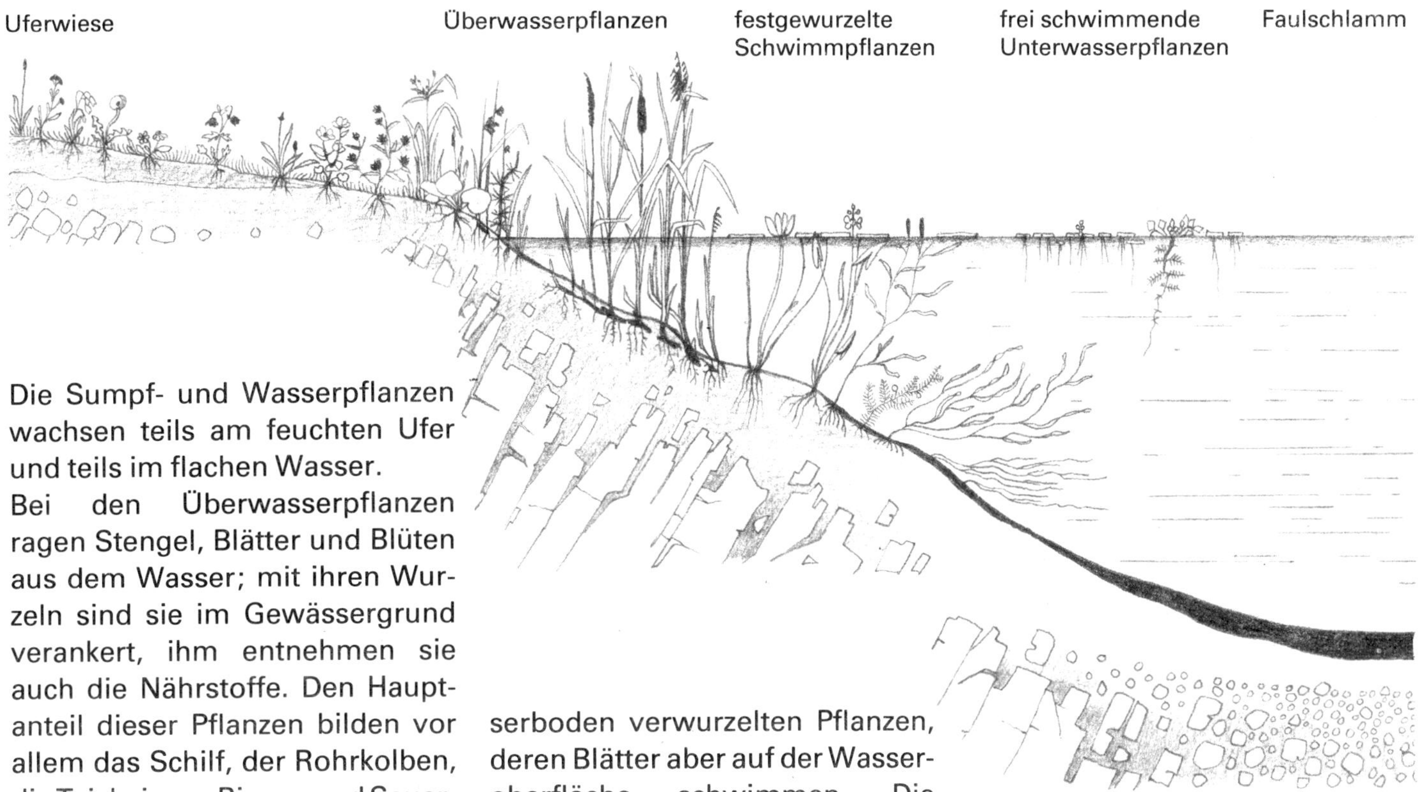

Die Sumpf- und Wasserpflanzen wachsen teils am feuchten Ufer und teils im flachen Wasser.
Bei den Überwasserpflanzen ragen Stengel, Blätter und Blüten aus dem Wasser; mit ihren Wurzeln sind sie im Gewässergrund verankert, ihm entnehmen sie auch die Nährstoffe. Den Hauptanteil dieser Pflanzen bilden vor allem das Schilf, der Rohrkolben, die Teichsimse, Binsen und Sauergräser. Dichte Bestände davon werden Röhricht genannt, weil viele dieser Pflanzen röhrige Stengel haben. Mit dem Röhricht zusammen wächst eine ganze Reihe von Wildblumen. Einige, wie die Wasser-Schwertlilie und die Sumpf-Dotterblume, haben wir schon bei den Uferpflanzen kennengelernt.
In flachen Gewässern wachsen das Pfeilkraut und die Schwanenblume. Es sind Wildblumen mit auffallenden Blüten und Blättern.
Im etwas tieferen Wasser liegt der Bereich der ebenfalls im Gewässerboden verwurzelten Pflanzen, deren Blätter aber auf der Wasseroberfläche schwimmen. Die Weiße Seerose und die Große Mummel bilden dort oft große Bestände. Ihre Blattstiele sind sehr lang, elastisch und biegsam.
Schwimmpflanzen verankern sich nicht mit ihren Wurzeln im Gewässergrund, daher sind sie an keine Wassertiefe gebunden. Die von Luftkanälen durchzogenen Blätter und Stengel halten die Pflanzen an der Oberfläche.
Fischer und Angler bezeichnen Unterwasserpflanzen als „Kraut", volkstümlich heißen sie Schlingpflanzen. Sie leben untergetaucht, bilden teilweise lange Sprosse aus, und über dem Wasserspiegel erscheinen nur manchmal kleine Blüten.
Bruchstücke der Unterwasserpflanzen können neue Bestände bilden. Bekannt dafür ist die Wasserpest. Sie ist deshalb auch eine beliebte Aquarienpflanze. *Lege ein Stengelstück in ein mit Wasser gefülltes Glas und beobachte, wie es sich weiter entwickelt!* Alle Wasserpflanzen sinken nach dem Absterben zu Boden und tragen dadurch zur Verlandung der Gewässer bei.

Um die **Weiße Seerose** ranken sich viele Geschichten. Eine Sage der Griechen erzählt, daß die Seerose dem Herz einer vor Trauer gestorbenen Nymphe entsprossen sei. Die Ägypter verehrten die Pflanze, schmückten damit Gräber und Altäre und stellten sie auf Wandmalereien dar.

Bei uns finden wir die Seerose in stillen Buchten von Seen, Flüssen und Teichen, dort dringt sie bis in eine Wassertiefe von eineinhalb Metern vor. Sie liebt sonnige Standorte. Im Frühjahr treiben aus einem kriechenden Wurzelstock herzförmige Schwimmblätter. Sie sitzen auf einem runden Stiel und sind mit einer dicken Wachsschicht überzogen. Ein Röhrensystem im Stiel führt Luft an die Wurzeln heran. Im Mai erscheinen die ersten Blätter auf der Wasseroberfläche, und im Juni erreichen die dicken grünen Knospen den Wasserspiegel.

Eine aufgeblühte Seerose hält nur wenige Tage, doch dann ist bereits die nächste Knospe herangewachsen. Die kugelige Frucht sieht einer Mohnkapsel ähnlich. In Zierwasserbecken findet man auch Pflanzen mit rosa und roten Blüten. Die Weiße Seerose hatte früher eine gewisse wirtschaftliche Bedeutung. So aß man die Samen und Wurzelstöcke, verwendete Blüten und Blätter für medizinische Zwecke oder nahm das Rhizom zum Färben und zum Bierbrauen.

Auf einem langen Stiel erheben sich die zartrosa getönten Blüten der **Schwanenblume**. Sie hat schwertförmige Blätter. Die Pflanze verbreitet sich durch Samen und durch ihren kriechenden Wurzelstock. Wenn der Samen aus der Balgfrucht herausfällt, schwimmt er zunächst auf der Wasseroberfläche und sinkt erst nach einiger Zeit zu Boden.

In schlammigen Buchten von Seen, in Sümpfen und Gräben wächst oft massenhaft der **Gemeine Froschlöffel**. Seine über dem Wasser stehenden Blätter sind löffelartig verbreitert und haben steife Stiele. Unter Wasser befinden sich bandförmige Blätter, an denen das Wasser leicht vorbeiströmen kann. *Pflücke ein Unterwasser- und ein Luftblatt und vergleiche die Festigkeit der Stiele!* Die weißlichrosa Blüten stehen pyramidenförmig über dem Wasser und sind nur zur Mittagszeit geöffnet. Der Samenstand eignet sich gut für einen Trockenstrauß. (Siehe „Wildblumen für Trockensträuße" Seite 64) In frischem Zustand ist die Pflanze giftig!

Bis zu einer Wassertiefe von ungefähr dreißig Zentimetern wächst das **Pfeilkraut**. Seine pfeilförmigen Luftblätter gaben der Pflanze den Namen, die Unterwasserblätter sind wie beim Froschlöffel bandförmig. In dreizähligen Quirlen wachsen weiße Blüten um den Stiel, unten sitzen die weiblichen, oben die später blühenden männlichen. Im Boden überwintert eine unscheinbare kleine Knolle, die eßbar sein soll. Aus ihr entwickelt sich im Laufe des Sommers das Pfeilkraut bis zu der erstaunlichen Höhe von einem Meter.

In flachen stehenden und langsam fließenden Gewässern wächst der Gemeine Wasserhahnenfuß. Seine Unterwasserblätter sind fein zerteilt und fallen beim Herausnehmen aus dem Wasser wie zu einem Pinsel zusammen. Die Schwimmblätter dagegen sind nierenförmig oder drei- bis fünflappig, wie wir es im allgemeinen bei Hahnenfußgewächsen kennen. Zwischen Unterwasser- und Schwimmblättern finden sich die verschiedensten Übergangsformen. Die Blüten erscheinen über Wasser in großer Zahl; Flußarme oder Teiche können dann weiß überzogen sein. Da die Pflanzen das Wasser mit Sauerstoff anreichern und ihr Blattwerk Schutz bietet, halten sich häufig Fische in ihrer Nähe auf.

An schattigen Stellen in kleinen Teichen wächst die **Große Mummel**, auch Teichrose oder Nixblume genannt. Ihre Blätter sind fast rund und lederartig. Ab Juni stehen auf steifen Stielen kurz über dem Wasserspiegel die duftenden gelben Blüten. Wenn sie befruchtet sind, krümmen sich die Blütenstiele, und unter Wasser entwickelt sich die flaschenförmige Frucht. Ist sie ausgereift, so steigt die Balgfrucht an die Wasseroberfläche und zerfällt. Die Teile werden mit den Samen vom Wasser weggetragen, sinken zu Boden, und dort bilden sich neue

Gemeiner Froschlöffel
Schwanenblume
Weiße Seerose
Krebsschere
Pfeilkraut
Wasser-Knöterich
Kleine Wasserlinse
Große Mummel

Pflanzen. Während bei der Seerose nur das Rhizom überwintert, bleiben die salatblattähnlichen Unterwasserblätter der Großen Mummel auch im Winter erhalten. Die Mummel kann noch in zwei Meter tiefem Wasser wachsen.

Der **Wasser-Knöterich** bildet je nach Wasserstand eine Land- oder eine Wasserform aus und ist auf diese Weise an Überschwemmen und Austrocknen angepaßt.

Im Wasser bewegen sich die langen Stengel mit den lanzettlichen Blättern leicht hin und her. Bei Wassermangel bildet der Wasser-Knöterich aufrechtstehende Sprosse aus. Die Pflanze ist mit Wurzeln fest im Boden verankert. Aus dem Wasser ragt ab

Röhricht

Im Uferbereich bilden Schilf, Rohrkolben und Teichsimse das Röhricht. Es bietet nicht nur Fischen, sondern auch vielen Vögeln Schutz und Nahrung.

Das **Schilf**, ein Süßgras, wächst bis zu einer Wassertiefe von eineinhalb Metern. Enthält der Boden viele Nährstoffe, können die Halme bis zu vier Meter hoch werden.

An dicken, bis zu zwei Meter langen Stengeln sitzt der schwarzbraune Blütenstand des **Rohrkolbens**.

Am häufigsten wächst die breitblättrige Art. Den Schmalblättrigen Rohrkolben trifft man seltener, er verträgt auch Boddenwasser.

Einen nährstoffreichen Sumpf bevorzugt die **Wald-Simse**. Ihre dreieckigen hohlen Stengel, die bis zu einem Meter Höhe erreichen, eignen sich gut zum Flechten, deshalb heißt die Pflanze auch Flecht-Simse.

Juni eine rötliche ährenförmige Blüte. Dem Wasser-Knöterich sieht das Schwimmende Laichkraut sehr ähnlich. Beide lassen sich aber gut unterscheiden: Während beim Laichkraut die Blattadern parallel verlaufen, hat der Wasser-Knöterich netzadrige Blätter.

Eine allgemein bekannte Schwimmpflanze ist die **Kleine Wasserlinse.** Sie wird auch Entengrütze genannt. *Schau dir eine Wasserlinse einmal genau an!* Der blattähnliche Körper trägt an der Unterseite ein Würzelchen, manchmal auch mehrere. An den ausgewachsenen Wasserlinsen bilden sich junge Pflänzchen. Im Herbst sinken alle zu Boden und überwintern dort.

Auch die **Krebsschere** überdauert den Winter unter Wasser. Im Frühling steigt die Pflanze auf und ragt mit den Spitzen ihrer langen, schmalen, am Rande scharf gesägten Blätter aus dem Wasser.

Wenn die Krebsschere im Juli die weißen Blüten hervorbringt, hebt sie sich noch weiter aus dem Wasser heraus. Entweder männliche oder weibliche Blüten entwickeln sich auf einer Pflanze. Die fadenförmigen, reichgefüllten Nektardrüsen locken viele Fliegen an. Während des Sommers bilden sich an der Mutterpflanze auch Tochterrosetten. Später fallen diese Jungpflanzen ab, überwintern auf dem Wassergrund und schwimmen im Frühjahr wieder an die Oberfläche.

AN DER KÜSTE

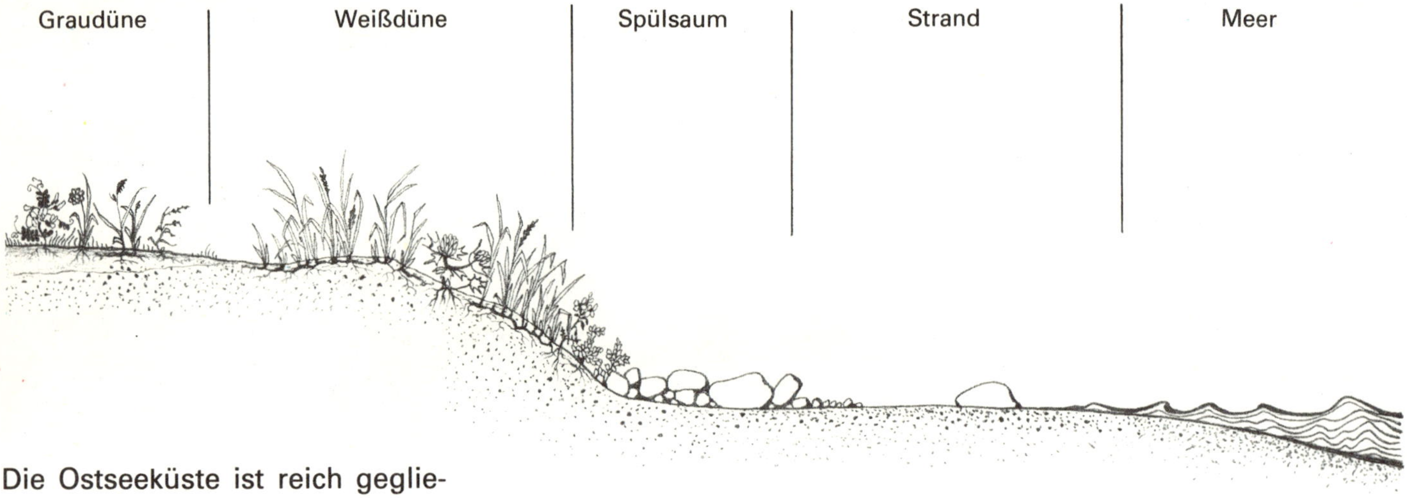

Die Ostseeküste ist reich gegliedert. Steile und flache Ufer, vorgelagerte Inseln, Buchten und Bodden wechseln miteinander ab. Wiesen, Ackerflächen und Wälder mit den Wildblumen der Tiefebene reichen bis an die Küste heran. Unmittelbar am Strand aber, wo sich die Wellen brechen, wachsen ganz besondere Pflanzengesellschaften. Sie müssen ständigem Wind widerstehen. Da sie außerdem bei Sturm vom Meerwasser überspült werden und ihre Wurzeln salzhaltiges Wasser aufnehmen, werden sie Salzpflanzen genannt. Mit ihren dicken, wasserspeichernden Blättern ähneln sie Trockenheit liebenden Pflanzen.

Während im Sommer unmittelbar am Strand Tang, Seegras, Muscheln und Holzstücke an- und meist wieder weggespült werden, bleibt nach heftigen Winterstürmen alles Angeschwemmte höher am Strand liegen und verwittert im Sand. Im Frühjahr beginnen in dieser Spülsaumzone die Salzpflanzen zu wachsen, zu blühen und Samen zu tragen. Dort, wo an einem breiteren Strand die Spülsaumzone etwas weiter vom Wasser entfernt liegt, siedeln sich dazu Vogel-Knöterich, Kreuzkräuter und Hornkraut an.

Im anschließenden Dünenbereich, der Weißdüne, werden die Pflanzen ständig eingesandet. Der Boden ist sehr locker und wasserdurchlässig. Er trocknet deshalb schnell aus, Nährstoffe fehlen. Hier wachsen vor allem Gräser, am häufigsten der Strandhafer. Seine Stengel und Blätter sind weißlichgrün gefärbt. Er wird in großen Flächen zum Schutz der Dünen angepflanzt. An der Küste nennt man ihn „Helm". Der Strandroggen hat steife blaugrüne Blätter und heißt deshalb „Blauer Helm". Beide Gräser bilden lange Ausläufer, mit denen sie den Dünensand durchziehen und festigen.

Während die Helme die Dünen vor allem zur See hin durchwachsen, siedeln sich landeinwärts andere Gräser und Wildblumen an: Salzmiere, Sand-Stiefmütterchen, Strand-Platterbse und die geschützte Stranddistel.

Noch weiter landeinwärts werden die Dünen fest und färben sich durch absterbende Pflanzenteile dunkel. Sie werden nun als Graudünen bezeichnet. Hier wachsen Gräser, Flechten, Moose und eine ganze Reihe von Wildblumen, wie Grasnelke, Sand-Strohblume, Katzenpfötchen, Mauerpfeffer, Schafgarbe und verschiedene Habichtskräuter.

Mit ihren distelähnlichen Blättern ist die **Stranddistel** eine der schönsten Küstenpflanzen. Sie gehört aber zur Familie der Doldengewächse und wird auch Strand-Mannstreu genannt. Im Frühjahr wächst aus einer Grundrosette ein stark verästelter Stengel. An ihm sitzen ledrige stengelumfassende Blätter. Die Pflanze ist zum Schutz vor Austrocknung durch Sonne und Wind mit einer graublauen Wachsschicht überzogen. An den Stengelenden entwickeln sich im Laufe des Sommers große bläuliche, manchmal weiße Blütendolden. Die Stranddistel ist heute nur noch sehr selten zu finden. Sie steht unter Naturschutz.

Auf Feldern wächst die Feld-Mannstreu. Sie ist von kleinerem Wuchs, und die Blüte ist unscheinbar.

Die im Küstenbereich am häufigsten vorkommenden Pflanzen sind Meldearten. Melden lieben stickstoffhaltigen, salzigen Boden, den sie am Strand finden, wo das winterliche Hochwasser einen Spülsaum aus Seegras, Tang, Holz und Muscheln hinterlassen hat. Die Strand-Melde erkennt man an ihren schmalen, fast fadenförmigen fleischigen Blättern, während die **Spieß-Melde** dreieckige wie zu einem Spieß geformte Blätter trägt. Anfangs liegen die Stengel flach auf dem Boden, später richten sie sich auf, und in den Blattachseln erscheinen die weißlichgelben Blüten.

Den stickstoffreichen Boden des Spülsaumbereiches der Küste bevorzugt auch der **Meersenf**. Er besitzt dickfleischige Blätter, in denen er Wasser speichert. Die hell-lilarosa Blüten wachsen am Stengelende. Sie duften und werden von Insekten bestäubt. Bei kräftigem Wind bestäuben sich die Pflanzen selbst.

Die **Salzmiere** zählt zu den ersten Pflanzen, die einen kahlen Strand besiedeln. Sie wird nicht höher als dreißig Zentimeter und wächst auch aus Sandschichten, die der Wind über sie weht, stets wieder hervor. Ihre kleinen weißen, fünfzipfligen Blüten werden vom Wind bestäubt; die Pflanze vermehrt sich aber vor allem durch Ausläufer. Die Salzmiere ähnelt der Vogelmiere, hat jedoch dickfleischige Blätter, beide gehören zur Familie der Nelkengewächse. Auf der Weißdüne gedeiht die Strand-Platterbse. Zwischen den meist graugrünen Gräsern fällt sie mit ihren lilapurpurnen Blüten sofort auf. Die Frühlings-Platterbse haben wir bereits kennengelernt, sie hat einen aufrechtstehenden Stengel (siehe Seite 29). An den zwei- bis vierpaarig gefiederten Blattenden der Strand-Platterbse befinden sich Ranken, mit deren Hilfe die Pflanze an benachbarten Gräsern oder Kräutern hochwächst. Die Nebenblätter sehen wie Pfeilspitzen aus. Zum Schutz vor zu starker Verdunstung klappen bei großer Hitze die gefiederten Blätter der Strand-Platterbse aufeinander.

Von Mai bis November treibt die **Gemeine Grasnelke** immer wieder neue Blüten in Rosa bis Purpur. Mit den Nelken ist die Grasnelke nicht verwandt, nur ihre Blüten ähneln sich. *Aus den blühenden biegsamen Stengeln kannst du einen Kranz flechten!*

Samenverbreitung durch Wind

Von den Klett- und Klebvorrichtungen an Samen zum Ausbreiten hast du schon gehört, auch davon, daß einige Pflanzen Früchte entwickeln, aus denen die Samen herausgeschleudert werden. Aber auch der Wind kann beim Ausstreuen helfen.

Steppenroller

Auf trockenen Sandfluren werden ganze Pflanzen vom Wind davongerollt.

Feld-Mannstreu

Haarflieger

Die Samen der Schopfflieger tragen wollige Haare.

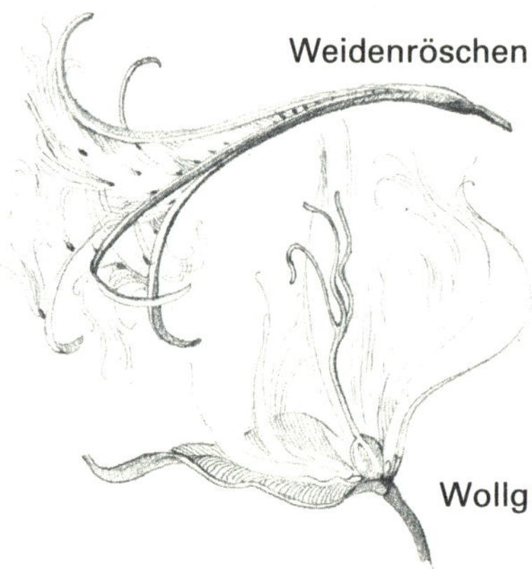

Weidenröschen

Wollgras

Die Samen der Fallschirmflieger schweben an einem Schirmchen davon.

Kuhblume

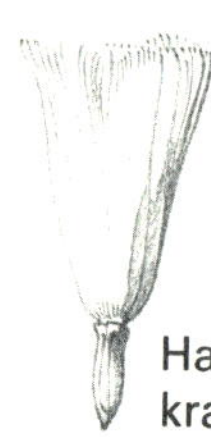

Habichtskraut

Windstreuer

Starke Windstöße schütteln die Samen aus den Fruchtständen und verteilen sie im weiten Umkreis.

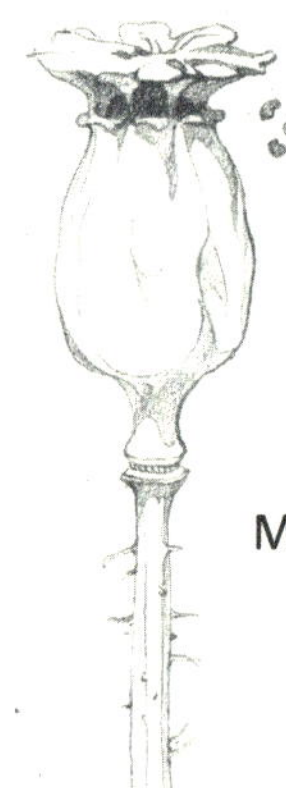

Mohn

IM BERGLAND

Bereits im Bergvorland finden wir auf feuchten Wiesen die ersten Bergblumen: die Trollblume, den Wiesen-Storchschnabel und den Frauenmantel. Das vorwiegend bewaldete Bergland beginnt in etwa fünfhundert Meter Höhe. Hier entdecken wir am Rand des Fichtenwaldes, in dem vereinzelt auch Lärchen, Kiefern, Berg-Ahorne, Buchen und Eschen wachsen, den Fingerhut, in Buchenbeständen den Eisenhut, den Waldmeister und das Echte Lungenkraut. Im Frühling blühen an vielen Stellen Schlüsselblumen.

Wenn wir Glück haben, finden wir die selten gewordenen Orchideen, Enziane und Silberdisteln.

Mit zunehmender Höhe der Berge wird der Sommer kürzer, Mitte August kündigt sich bereits der Herbst an. Alle Pflanzen haben deshalb weniger Zeit als im Flachland, um auszutreiben, zu blühen und Samen zu bilden. Das rauhe Klima und die im Sommer sehr intensive Sonnenstrahlung beeinflussen auch die Wuchsform der Wildblumen. Sie bleiben gedrungen, ihre Blätter sind klein und die Stengel kurz. Die Behaarung wird dichter, manche Pflanzen sind geradezu weißfilzig. Jedoch bringen die Wildblumen im Bergland eine große Zahl von Blüten hervor, die meistens stark duften und viel Nektar enthalten. Bergpflanzen entwickeln kräftige Wurzeln und unterirdische Speicherorgane, so können sie nach der Schneeschmelze schnell austreiben und blühen. Im Winter schützt sie eine dicke Schneedecke.

In hohen Berglagen fallen sehr viel Niederschläge. Es ist kühl und häufig neblig. Hier wachsen Moose, Flechten und Zwergsträucher, vor allem Heidekraut und Blaubeeren. Im Borstgras und zwischen Heidekraut entdekken wir die orangegelben Blüten der Arnika. Wollgras, Binsen und Moose besiedeln die Hochmoore.

Eine echte Bergpflanze ist die **Trollblume**. Sie bevorzugt einen feuchten Standort, beispielsweise

Quellwiesen oder lichte Wälder. Ihre großen glänzenden, gelben Blüten haben immer wieder dazu verlockt, sie zu pflücken. Heute steht sie unter Naturschutz. Die Trollblume gehört zu den Hahnenfußgewächsen und ist, wie die meisten Pflanzen dieser Familie, giftig.

In höheren Berglagen, an Waldrändern, auf mageren Wiesen und an Mooren finden wir manchmal noch die **Arnika** mit ihren auffallenden großen orangegelben Korbblüten. Die Pflanze ist fast ausgerottet und steht unter Naturschutz. Arnika wird auch Bergwohlverleih genannt, diesen Namen verdankt sie Wirkstoffen, die Schmerzen lindern.

Der **Wiesen-Storchschnabel** wächst auf feuchten Böden. Aus einer kräftigen Wurzel treibt ein rauh behaarter verzweigter Stengel, an dem paarweise die bläulichen Blüten sitzen. Während der Blütezeit steht der Stengel aufrecht, später krümmt er sich. Auf dem gebogenen Stengel sieht die fünfteilige Frucht mit dem Kelch wie der Kopf eines Storches mit langem Schnabel aus. Ist der Samen reif, wird er aus der Schale geschleudert. *Beim Berühren einer reifen Frucht kannst du beobachten, wie die Samenkörner wegschnellen! Schätze die Flugweite!* (siehe Tabelle Seite 65)

Früher sammelte man die dicken Wurzeln des Storchschnabels, um daraus einen Stoff zur Heilung von Hautkrankheiten zu gewinnen.

Die Kronblätter des **Blauen Eisenhutes** sind ungleich ausgebildet, die oberen sitzen wie ein Hut auf den unteren und schützen den Fruchtknoten. Wie die meisten Hahnenfußgewächse hat auch der Eisenhut handförmig geteilte Blätter. Die Pflanze, besonders aber die knollige Wurzel, enthält eines der stärksten Gifte unserer heimischen Pflanzen. Es findet in der Medizin als fiebersenkendes und schmerzstillendes Mittel Verwendung. Das Gift ist schon seit langem bekannt. In ländlichen Gegenden wurden früher Mäuse und Ratten mit Eisenhut vergiftet. Man spickte dazu Fleischstücke mit Pflanzenteilen. Sogar Wölfe hat man auf diese Weise getötet. Namen wie Teufelswurz, Ziegentod, Fuchswurzel und Wolfsgift deuten auf die Giftigkeit der Pflanze hin.

Wenn von Gebirgspflanzen die Rede ist, dann denken die meisten Menschen sofort an Edelweiß und Enzian. Gelegentlich werden sie in Staudengärtnereien verkauft und in Steingärten angepflanzt. Im Flachland verlieren die Pflanzen jedoch an Schönheit. Der weiße Filz des Edelweißes wird grau, und das Blau der Enziane ist weniger kräftig. Im Hochgebirge wachsen niedrige und hohe, meist blaue, aber auch gelbe Enzianarten. In den Mittelgebirgen blüht bis in den Oktober hinein der Fransen-Enzian und der Deutsche Enzian. Wer im Herbst im Bergland wandert, findet sie an sonnigen Plätzen. Der Fransen-Enzian wächst auf halbtrockenen Rasenflächen über dem Felsgestein. Der Name rührt von vier kreuzweise stehenden Kronzipfeln her, die am Rande ausgefranst sind. Der Deutsche Enzian blüht violett. Enziane sind selten geworden und stehen in vielen Ländern unter Naturschutz. In der dicken Wurzel des Enzians sind heilende Stoffe enthalten. Sie werden als Bittermittel in Medikamenten verwendet, die der Arzt bei Appetitlosigkeit verordnet.

Als lange Traube hängen die Glocken des **Roten Fingerhutes** am Stengel. Zuerst gehen die unteren Blüten auf. Wenn sich die oberen öffnen, so haben sich bereits aus den unteren Samenkapseln entwickelt. Der Fingerhut wächst auf Kahlschlägen und in lichten Fichtenwäldern, besonders an Waldwegen. Stengel und Blattunterseiten sind graufilzig behaart. In den Blättern ist ein giftiger Wirkstoff enthalten. Man stellt daraus ein Medikament her, das die Herztätigkeit beeinflußt.

Ein besonderer Schmuck herbstlicher Hänge sind die oft in großer Zahl beieinander stehenden **Silberdisteln**. Ihr Blütenkorb kann bis zu sieben Zentimeter Durchmesser erreichen. Die inneren, silberweiß glänzenden Strahlen sind Hüllblätter. Sie schließen sich bei trübem Wetter über der Scheibe und schützen den Pollen vor Nässe. Daher wird die Silberdistel auch Wetterdistel genannt. In niedrigem Trockenrasen liegt die Blüte unmittelbar auf der stachligen Blattrosette am Erdboden. In höherem Gras oder im lichten Wald erreicht der Blütenstiel bis zu dreißig Zentimeter Höhe. Die Silberdistel ist früher sehr häufig für Trockensträuße gesammelt worden. Heute steht sie unter Naturschutz.

Im Herbst, wenn sich die Natur auf den Winter vorbereitet – Früchte und Samen sind herangereift –, bringt die **Herbst-Zeitlose** ihre großen lilarosa Blüten hervor. Sie wachsen aus einer birnenförmigen schuppigen Knolle, die tief im nährstoffreichen, feuchten Wiesenboden steckt. Erst im Frühjahr werden dann breitlanzettliche Blätter und eine aufgeblasene Samenkapsel ausgebildet, und schon im Juni ist von der Herbst-Zeitlosen an der Erdoberfläche nichts mehr zu sehen. In Gärten wächst sie auch auf trocknerem und nährstoffärmerem Boden. Weidevieh, aber auch Hasen und Rehe meiden die Pflanze, da sie sehr giftig ist. Aus den Samen und Knollen gewinnt man das Gift, um daraus Medikamente herzustellen. Viele Wildblumen, die wir von anderen Standorten des Flachlandes her kennen, haben besonders angepaßte Gebirgsformen. Schon ihre Namen weisen darauf hin: Berg-Flockenblume, Berg-Nelkenwurz. Hochgebirgspflanzen sind häufig mit dem Begriff „Alpen" gekennzeichnet: Alpen-Mohn, Alpen-Distel. Andere Pflanzen zeigen gleich im Namen ihre bergige Heimat an: Steinbrech, Steinkraut.

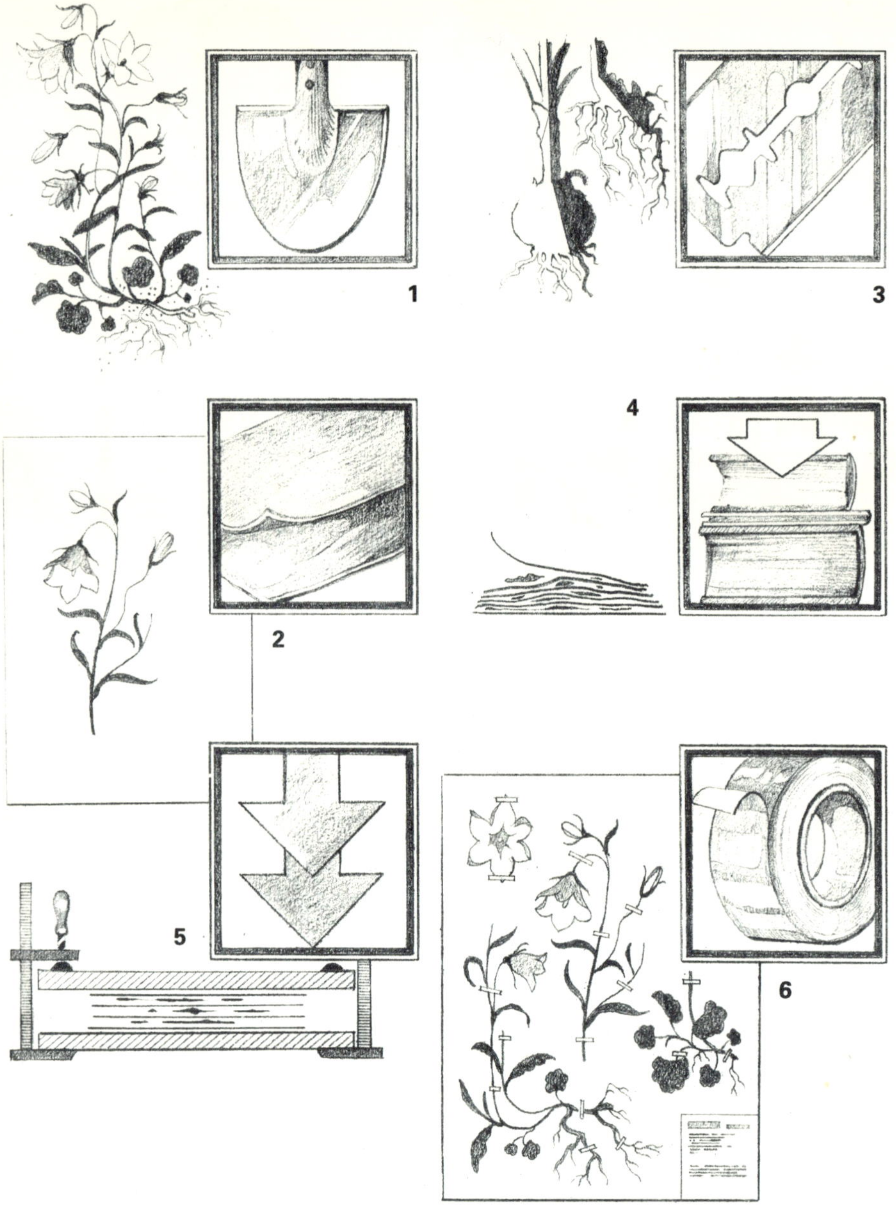

Anlegen eines Herbariums

1 eine gut entwickelte Pflanze ausgraben (keine geschützten Pflanzen; siehe Naturschutzverordnung!)

2 Löschblatt, zweites Löschblatt darüberlegen

3 dicke Teile, wie Stengel oder Zwiebeln, durchtrennen

4/5 mehrere Pflanzenlagen mit dickem Buch beschweren oder zwischen zwei Bretter legen und mit zwei Schraubzwingen fest zusammenpressen

6 gepreßte Pflanzen mit schmalen Klebstreifen auf Zeichenkarton befestigen, wenn die Pflanze lang ist, in einzelne Stücke unterteilen; Beschriften nicht vergessen!

Herbst-Zeitlose
Blauer
Eisenhut
Trollblume
Arnika
Roter Fingerhut
Wiesen-
Storchschnabel
Silberdistel

AUF TROCKENEN SANDFLUREN

Zu den trockenen Sandfluren zählen nicht nur natürlich vorhandene Ödlandflächen, sondern auch Bauland, wie Kiesgruben, Eisenbahndämme und Straßenböschungen. Ohne Pflanzendecke sind solche Flächen durch Wind und Regen gefährdet; benachbarte Felder werden übersandet und Wege überspült. Wenn die zum Schutz von Erdbauwerken vorgenommenen Aussaaten (Klee) und Pflanzungen (Sträucher) nicht gedeihen, füllen Wildblumen und Gräser die entstandenen Lücken und sorgen allmählich für eine natürliche Befestigung des Bodens.
Auf den trockenen Sandfluren entwickeln sich die Pflanzengesellschaften recht langsam. Die Pflanzen müssen sich auch bei ungünstigen Wetterverhältnissen behaupten. Wolkenbrüche spülen die Erdkrume weg, und starke Sonneneinstrahlung überhitzt den Boden. Nur Wildblumen, die sich diesen Standortbedingungen angepaßt haben, können hier überleben. So ist zum Beispiel die Königskerze durch ihre weißfilzige Behaarung vor dem Austrocknen geschützt. Die Nachtkerze gelangt mit ihrer langen Pfahlwurzel an Wasser in tieferen Bodenschichten. Der Mauerpfeffer speichert Wasser in seinen dickwandigen, fleischigen Blättern, und die dichten Polster der Sand-

Scharfer
Mauerpfeffer

Eine anspruchslose Wildpflanze ist der **Scharfe Mauerpfeffer**. Er bleibt niedrig und breitet sich flächig aus. Die kleinen, fleischigen, immergrünen Blätter schmecken nach Pfeffer.
Die Pflanze speichert darin Wasser und verträgt deshalb lange Trockenzeiten. Wir finden den Scharfen Mauerpfeffer auf trockenen Sandfluren, in Felsspalten, in Mauerritzen, ja sogar auf Dächern und in Dachrinnen.
Früher wurde der Scharfe Mauerpfeffer auch als Heilpflanze verwendet.

Strohblume halten die Feuchtigkeit im Boden.
Regen ist ganz entscheidend für die Wildblumen auf Sandflächen. Darum ist auch der Wildblumenbestand in den einzelnen Jahren unterschiedlich. In nassen Jahren, vor allem bei ergiebigem Frühjahrsregen, ist das Wachstum üppig. Oft finden sich sogar anspruchsvollere Pflanzen ein. Bleibt im Frühjahr der Regen wochenlang aus, gedeihen nur wenige Wildblumen, und man ist enttäuscht, eine Fläche wiederzusehen, die man reich blühend in Erinnerung hat. Auch durch die auffallenden großen zweijährigen Wildblumen kann sich der Gesamteindruck einer Sandflur von einem Jahr zum anderen ändern. So blüht zum Beispiel in manchen Jahren an einem Bahndamm, auf dem sonst Königskerzen und Nachtkerzen in voller Blüte stehen, keine dieser Pflanzen, weil bei ungünstigem Wetter ihre Blattrosetten erst im dritten Jahr eine Blüte entwickeln oder weil die Samen nicht gleich im ersten Jahr gekeimt haben.

Verschiedene Kreuzblütengewächse werden als Kresse bezeichnet. Alle haben unscheinbare Blüten. Die **Graukresse** wächst auf sandigem Ödland und kommt mit sehr wenig Feuchtigkeit aus. Ihren Namen erhielt sie wegen der graugrünen Farbe der Härchen an Stengeln und Blättern. Erstaunlich ist die lange Blütezeit. Sie beginnt im Juni. Bis November, wenn kaum noch eine andere Wildblume blüht, werden an der ständig weiterwachsenden Spitze der Blütentraube immer wieder neue Knospen gebildet.

Die Habichtskräuter bilden eine so umfangreiche Pflanzenfamilie, daß es schwerfällt, die einzelnen Arten voneinander zu unterscheiden. Einige wollen wir kennenlernen. Das **Kleine Habichtskraut** ist eine typische Pflanze des sandigen Ödlandes und der Heide. Seine Blattrosetten bilden ein dichtes Polster und verhindern das Austrocknen des Bodens. Die Blätter kehren ihre graufilzige Unterseite nach oben. Von Mai bis September blüht das Kleine Habichtskraut. Sein Blütenstiel trägt nur ein Körbchen mit Zungenblüten. Die Samen haben eine Haarkrone und werden vom Wind fortgeweht. Aber auch durch Ausläufer breitet sich die Pflanze aus. Das Gemeine Habichtskraut braucht etwas besseren Boden. Es bildet keine Rosette. An den verzweigten Stengeln sitzen zahlreiche Blätter und jeweils ein Blütenstand in lockerer Rispe. Eine Korbblüte bringt rund fünfzig Samen hervor. Da eine Rispe aus etwa zwanzig Blüten besteht und eine Pflanze bis zu fünfzehn Rispen trägt, ergibt das fünfzig mal zwanzig mal fünfzehn gleich fünfzehntausend Samen.

Ebenso weit verbreitet wie das Kleine Habichtskraut ist das Wald-Habichtskraut. Es bildet eine Grundrosette mit großen, gezähnten Blättern. Die Blütenstände sind locker rispig angeordnet. Man findet es an Hängen, an trockenen Waldrändern und Gebüschen.

Auf Sandfluren am Waldrand und im Bergland blüht im späten Frühjahr an sehr sonnigen Stellen das Gemeine Katzenpfötchen. Die gesamte Pflanze ist filzig behaart und samtig wie eine Katzenpfote.

Samen von Wildblumen als Vogelfutter

Viele Vögel ernähren sich von Früchten und Samen, die sie an Bäumen, Sträuchern, Gräsern und auch an Wildblumen finden. Im Winter kannst du den Vögeln, die bei uns bleiben, helfen. Während des Sommers und im Herbst sammelst du reife Fruchtstände von Wildblumen und trocknest sie. Die Samen fallen dann leicht heraus. Du füllst sie in einen Behälter und bewahrst das Futter bis zum Winter kühl und trocken auf.

Pflanzen	Pflanzenteile, die gesammelt werden
Acker-Senf (1)	Schoten
Distel (2)	Köpfe
Gräser (3)	Halme mit Früchten
Hederich (4)	Schoten
Hirtentäschel (5)	ganze Stengel mit Früchten
Klette (6)	Fruchtstände
Kuhblume (7)	Köpfe kurz vor dem Entfalten der „Fallschirme"
Mohn (8)	Kapseln
Nachtkerze (9)	Kapseln
Wegerich (10)	Stengel mit Samenkapseln
Wolfsmilch (11)	Stengel mit Samenkapseln

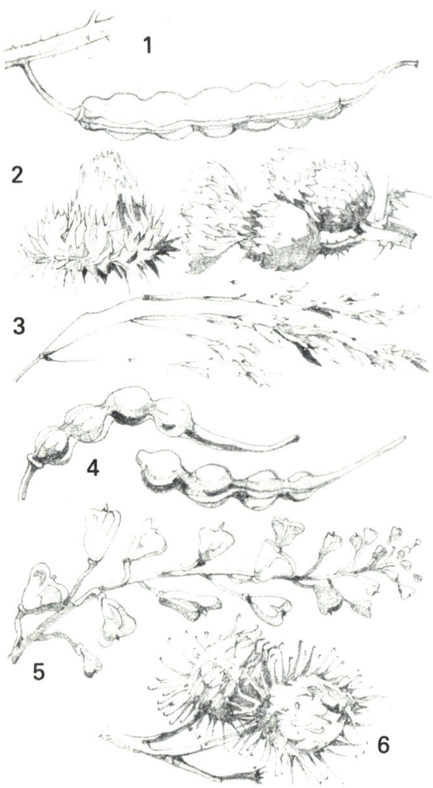

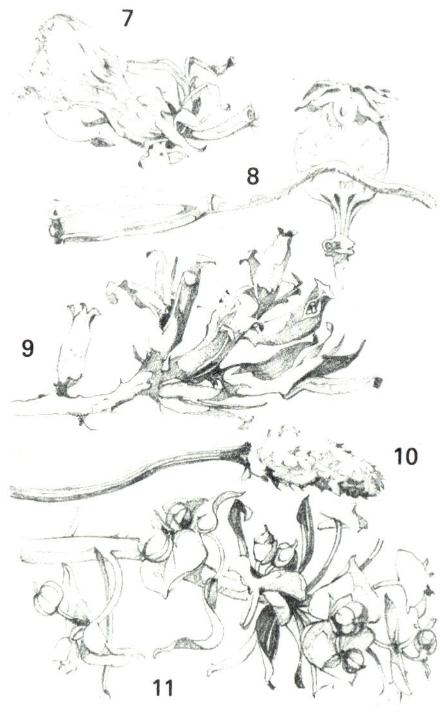

Mit wurzelbildenden Ausläufern verbreitet sie sich auch auf trockenem Sandboden zu einem dichten Rosettenteppich.
Aus jeder Rosette wächst ein Stengel mit enganliegenden lanzettlichen Blättern hervor. An seinem Ende sitzen entweder weiße männliche oder rosa weibliche Blüten.
Nicht nur auf trockenen Sandfluren, sondern auch auf den Graudünen der Küste, an sonnigen Wegrändern und auf Kahlflächen blüht im Sommer die **Sand-Strohblume**. Die Pflanze ist weißwollig behaart. Die kleinen gelben oder orangefarbigen Blütenkörbchen stehen dicht in einer Schirmtraube. Trockensträuße und Kränze aus Sand-Strohblumen sind zwar sehr reizvoll, doch solltest du die Blumen lieber wachsen lassen. *Wenn du Freude an solchen Trockensträußen hast, säe die Garten-Strohblume im Frühjahr aus!* Sie stammt von einer Wildblume aus den Trockengebieten Australiens. Ihre weiß, gelb, orange, bräunlich oder violett gefärbten Körbchen sind größer als die der Sand-Strohblume. Die Pflanze wird siebzig bis achtzig Zentimeter hoch und braucht einen geschützten sonnigen Platz.
Die **Gemeine Nachtkerze** wurde im siebzehnten Jahrhundert aus Amerika eingeschleppt und verbreitete sich in Europa von den Küstenstädten aus entlang den Bahndämmen ins Binnenland. Heute ist sie bei uns heimisch. Die

Nachtkerze bildet im ersten Jahr bis zum Herbst eine kräftige Blattrosette mit einer dicken, tief in den Boden dringenden Pfahlwurzel. Gewaschen, geputzt und in Salzwasser gekocht ist sie als Gemüse eßbar.
Im folgenden Frühjahr und Sommer wächst aus der Rosette ein aufrechter hoher Stengel mit kleinen Blättern und Blüten. Abends öffnen sich ihre hellgelben duftenden Blüten und locken Nachtinsekten an. Das Öffnen der Blüten erfolgt innerhalb weniger Sekunden. *Beobachte einmal, wie die Knospe aufbricht! Lies auf Seite 65, wie du den Vorgang selbst auslösen kannst!*
Die Samen sitzen in vierklappigen, gelbbraunen Kapseln. Kleine Vögel fressen die Körner sehr gern. Wenn es auch einige Mühe macht, lohnt sich doch das Sammeln für die Winterfütterung!
Die Wurzel des **Echten Seifenkrautes** enthält einen seifenähnlichen Stoff. *Stelle eine Schaumprobe an!* Pflücke dazu Blätter vom Seifenkraut, Wegerich und Löwenzahn. Zerschneide sie und fülle damit jeweils eine Schale. Übergieße nun die Schnitzel mit heißem Wasser. Gieße nach einer halben Stunde den Sud vorsichtig in drei gleich große Flaschen und schüttle sie kräftig durch! Beobachte die Schaumbildung! Höhe und Haltbarkeit der Schaumkrone sind ein Maß für den Seifengehalt. Der Löwenzahn bildet keinen Schaum, beim Wegerich treten nur einige Schaumblasen auf, die bald wieder verschwinden, beim Seifenkraut aber entsteht eine dicke Schaumschicht. Früher wurde Seifenkraut zum Waschen und zum Färben verwendet.

Wildblumen für Trockensträuße

Wenn du im Herbst abgeblühte Stengel von manchen Wildblumen abschneidest und sie zunächst verkehrt herum zum Trocknen aufhängst, kannst du schöne Sträuße als Zimmerschmuck für den Winter zusammenstellen.

Pflanze	Hinweise
Bärenklau	im August abschneiden, später sind bereits die feinen Stielchen mit den Samen ausgefallen
Flockenblume	Stengel mit Früchten, findet man noch im Winter
Froschlöffel	Stengel mit Nüßchen
Gilbweiderich	Stengel mit Kapseln
Gräser	vorsichtig abschneiden, sie sind zum Teil sehr zerbrechlich
Kerbel	im August ernten (wie Bärenklau)
Nachtkerze	findet man noch im Dezember
Rohrkolben	in Klebstoff tauchen, sonst platzt er im warmen Zimmer
Wasser-Schwertlilie	im Juli ernten
Wegerich	Stengel stehen noch im Winter
Weidenröschen	August bis September abschneiden, später sind die wolligen Samen davongeflogen
Wiesen-Wachtelweizen	spätestens im Oktober abschneiden
Wilde Möhre	noch im Winter zu finden

Du entdeckst sicher noch viele andere Wildblumen für einen Trockenstrauß!

Antworten zu den Beschäftigungsaufgaben

von Buchseite 8
Auf feuchtem Standort verzweigen sich die Wurzeln des Wiesen-Sauerampfers dicht unter der Oberfläche, auf trockenem Boden dringen sie tief in die Erde ein.

von Buchseite 10
Die Hummel setzt sich auf die Unterlippe der Blüte. Beim Versuch, an den Nektar zu gelangen, werden die beiden Staubblätter und die Narbe herabgesenkt. Dabei pudern die Staubblätter den Rükken des Insektes mit Pollen ein. Klettert das Tier nun in die nächste Blüte, senken sich auch hier Staubblätter und Narbe herab. Die Narbe wird nun mit dem Pollen der vorher besuchten Blüte bestäubt. Wenn du mit einem Stöckchen vorsichtig in den Schlund der Blüte drückst, kannst du das Herabsenken der Staubblätter und des Griffels mit der Narbe beobachten.

von Buchseite 19
Schon nach kurzer Zeit kannst du erkennen, daß sich die Blüten und die Blätter bläulich verfärben. Die Tinte wird in den Leitungsbahnen mitgeführt.

von Buchseite 23
Die Blütenknospen sitzen in den oberen Blattachseln nebeneinander auf einem gebogenen Stiel, einem Wickel, und blühen nacheinander bis zur Spitze auf. An jedem Wickel ist meist eine Blüte voll entwickelt, so daß der ganze Blütenstand blau erscheint. Wenn du den Vorgang genau beobachten willst, schneide einen Blütenstiel ab und stelle ihn in eine Blumenvase.

von Buchseite 25
Wegen der schlechten Wachstumsbedingungen sind die Pflanzen kleiner und verkrüppelt. Ihr Wurzelwerk ist weit ausgebreitet, sitzt sehr tief im Boden und läßt sich schwer zerreißen.

von Buchseite 64
Ziehe bei Anbruch der Dämmerung an einer Knospe, bei der die gelben Blütenblätter schon deutlich zu sehen sind, vorsichtig die grünen Kelchblätter zurück. Im selben Augenblick rollt sich die aufgewickelte Blüte auseinander. Wer Freude an solchen Beobachtungen hat, kann auch einen Stengel der Nachtkerze abschneiden und in ein Gefäß mit Wasser stellen. Ein paar Abende lang vollzieht sich dann das schnelle Blütenöffnen im Zimmer.

von Buchseite 34 und 57
Wurfweiten von Samen

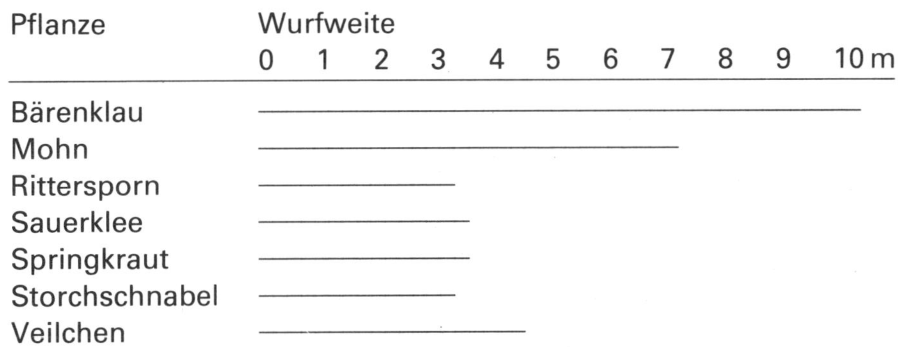

Roter Fingerhut,
Braunwurzgewächs 59
zweijährig oder ausdauernd
0,40 bis 1,50 m
6 bis 8

Saat-Hafer, Süßgras 13
einjährig
0,60 bis 1,50 m
6 bis 8

Saat-Roggen, Süßgras 13
einjährig (Sommerroggen), einjährig-überwinternd (Winterroggen)
0,70 bis 2,00 m
5 bis 6

Saat-Weizen, Süßgras 13
einjährig (Sommerweizen), einjährig-überwinternd (Winterweizen)
0,70 bis 1,60 m
6 bis 7

Salzmiere, Nelkengewächs 53
ausdauernd
0,10 bis 0,30 m
6 bis 7

Sand-Segge, Riedgrasgewächs 7
ausdauernd
0,15 bis 0,45 m
5 bis 6

Sand-Strohblume,
Korbblütengewächs 63
ausdauernd
0,10 bis 0,30 m
7 bis 8

Sand-Thymian,
Lippenblütengewächs 24
ausdauernd
0,02 bis 0,10 m
6 bis 8

Scharbockskraut,
Hahnenfußgewächs 29
ausdauernd
0,05 bis 0,20 m
3 bis 5

Scharfer Hahnenfuß,
Hahnenfußgewächs 5
ausdauernd
0,30 bis 1,00 m
5 bis 9

Scharfer Mauerpfeffer,
Dickblattgewächs 61
ausdauernd
0,05 bis 0,15 m
6 bis 7

Schmalblättriges Weidenröschen,
Nachtkerzengewächs 38
ausdauernd
0,60 bis 1,20 m
7 bis 8

Schmalblättriges Wollgras,
Riedgrasgewächs 7
ausdauernd
0,30 bis 0,60 m
4 bis 5

Schöllkraut, Mohngewächs 35
ausdauernd
0,30 bis 0,70 m
5 bis 10

Schwanenblume,
Wasserlieschgewächs 49
ausdauernd
0,50 bis 1,50 m
6 bis 8

Silberdistel, Korbblütengewächs 59
ausdauernd
0,03 bis 0,30 m
7 bis 9

Spieß-Melde, Gänsefußgewächs 53
einjährig
0,30 bis 0,90 m
7 bis 9

Spitz-Wegerich, Wegerichgewächs 24
ausdauernd
0,05 bis 0,50 m
5 bis 9

Stranddistel, Doldengewächs 53
zweijährig oder ausdauernd
0,20 bis 0,60 m
6 bis 8

Sumpf-Dotterblume,
Hahnenfußgewächs 45
ausdauernd
0,15 bis 0,30 m
4 bis 6

Sumpf-Vergißmeinnicht,
Borretschgewächs 45
ausdauernd
0,20 bis 1,00 m
6 bis 9

Trollblume, Hahnenfußgewächs 59
ausdauernd
0,30 bis 0,60 m
5 bis 6

Tüpfel-Hartheu, Hartheugewächs 40
ausdauernd
0,30 bis 0,60 m
7 bis 8

Vogel-Knöterich,
Knöterichgewächs 24
einjährig
0,05 bis 0,50 m
5 bis 11

Vogel-Sternmiere, Nelkengewächs 15
einjährig oder einjährig-überwinternd
0,05 bis 0,15 m
3 bis 12